Rodrigo García

Abschied von
Gabo und Mercedes

Rodrigo García

Abschied von Gabo und Mercedes

Erinnerungen an meinen Vater
Gabriel García Márquez

*Aus dem Englischen
von Elke Link*

Kiepenheuer & Witsch

Meinem Bruder

TEIL EINS

Entonces fue al castaño, pensando en el circo, y mientras orinaba trató de seguir pensando en el circo, pero ya no encontró el recuerdo. Metió la cabeza entre los hombros, como un pollito, y se quedó inmóvil con la frente apoyada en el tronco del castaño. La familia no se enteró hasta el día siguiente, a las once de la mañana, cuando Santa Sofía de la Piedad fue a tirar la basura en el traspatio y le llamó la atención que estuvieran bajando los gallinazos.

– Cien años de soledad

Dann ging er an den Zirkus denkend zur Kastanie und versuchte beim Urinieren, weiter an den Zirkus zu denken, fand aber schon keine Erinnerung mehr. Er steckte den Kopf zwischen die Schultern, wie ein Küken, und blieb reglos stehen, die Stirn an den Kastanienstamm gelehnt. Die Familie erfuhr erst am nächsten Tag davon, als Santa Sofía de la Piedad um elf Uhr vormittags Müll in den Hinterhof brachte und ihr auffiel, dass die Hühnergeier herabstießen.

– *Hundert Jahre Einsamkeit*

1

Als Kinder mussten mein Bruder und ich Vater versprechen, Silvester 2000 mit ihm zu feiern. In unserer Jugend erinnerte er uns mehrfach daran. Diese Hartnäckigkeit war mir unangenehm, aber irgendwann begriff ich sie als seinen Wunsch, diesen Tag noch erleben zu dürfen. Er würde dann zweiundsiebzig sein, ich vierzig, das zwanzigste Jahrhundert würde zu Ende gehen. Für mich als Teenager waren solche Wegmarken Lichtjahre entfernt. Im Erwachsenenalter erwähnte er diese Vereinbarung meinem Bruder und mir gegenüber nur noch selten. Aber als es schließlich so weit war, verbrachten wir die Jahrtausendwende tatsächlich alle zusammen, in Cartagena de Indias, der Lieblingsstadt meines Vaters. »Ihr zwei und ich, wir hatten ja eine Abmachung«, sagte mein Vater verlegen zu mir; womöglich war ihm seine Beharrlichkeit von damals auch etwas peinlich. »Stimmt«, meinte ich nur, danach erwähnten wir es nie mehr. Er lebte noch weitere fünfzehn Jahre.

Als er Ende sechzig war, fragte ich ihn, woran er

nachts denke, wenn er das Licht ausgeschaltet habe. »Dann denke ich, dass alles so gut wie vorbei ist.« Lächelnd fügte er hinzu: »Aber noch habe ich Zeit. Noch muss ich mir keine allzu großen Sorgen machen.« Sein Optimismus war echt, er wollte mich nicht nur aufmuntern. »Eines Tages wachst du auf und bist alt. Einfach so, ohne Vorwarnung. Unglaublich«, fügte er hinzu. »Vor Jahren habe ich einmal gehört, dass im Leben eines Schriftstellers irgendwann der Zeitpunkt gekommen ist, an dem er nicht mehr in der Lage ist, einen langen literarischen Text zu schreiben. Der Kopf kann die komplexe Konstruktion nicht mehr fassen, sich nicht mehr auf dem trügerischen Terrain eines umfangreichen Romans bewegen. Und es ist wirklich so. Ich spüre das jetzt. Von nun an werden meine Texte also kürzer.«

Als er achtzig war, fragte ich ihn, was das für ein Gefühl sei.

»Die Perspektive ist wirklich verblüffend. Und das Ende ist nah.«

»Hast du Angst?«

»Es macht mich unermesslich traurig.«

Wenn ich mich an diese Momente zurückerinnere, rührt mich seine Offenheit zutiefst, vor allem, wenn man bedenkt, wie grausam meine Fragen waren.

2

Im März 2014 rufe ich an einem Vormittag mitten in der Woche meine Mutter an. Mein Vater liege seit zwei Tagen mit einer Erkältung im Bett, sagt sie. Das kommt bei ihm gelegentlich vor, doch sie ist sicher, diesmal sei es anders. »Er mag weder essen noch aufstehen. Er ist nicht er selbst. Er ist teilnahmslos. Bei Álvaro hat es auch so angefangen«, fügt sie hinzu. Sie bezieht sich damit auf einen Freund aus der Generation meines Vaters, der im Jahr zuvor gestorben ist. »Das wird nicht mehr«, lautet ihre Prognose. Das Telefonat beunruhigt mich nicht weiter, die Vorhersage meiner Mutter ist sicher nur ihrer Sorge geschuldet. In ihrem Leben ist längst eine Phase angebrochen, in der mit einer gewissen Häufigkeit alte Freunde von ihr gehen. Vor Kurzem erst erlitt sie einen schweren Verlust, als zwei ihrer Geschwister starben, ihre jüngsten und liebsten. Trotzdem setzt der Anruf meine Fantasie in Gang. Sieht so der Anfang vom Ende aus?

Meine Mutter, die schon zwei Krebserkrankungen überstanden hat, muss sich in Los Angeles medizinischen Untersuchungen unterziehen. Deshalb soll mein Bruder von Paris aus, wo er lebt, nach Mexico City fliegen, um bei unserem Vater zu bleiben. Ich kümmere mich unterdessen in Kalifornien um unsere Mutter. Als mein Bruder ankommt, eröffnet ihm der Kardiologe und behandelnde Arzt meines Vaters, dass mein Vater an einer Lungenentzündung leide und es dem Team die Arbeit sehr erleichtern würde, wenn sie ihn zu weiteren medizinischen Tests ins Krankenhaus bringen könnten. Anscheinend hat er das meiner Mutter bereits mehrfach nahegelegt, aber sie sträubte sich. Vielleicht hatte sie Angst davor, was eine umfassende körperliche Untersuchung ans Licht bringen würde.

3

Durch die Telefonate mit meinem Bruder kann ich mir im Lauf der nächsten Tage ein Bild vom Krankenhausaufenthalt machen. Als mein Bruder bei der Anmeldung den Namen meines Vaters nennt, wird die zuständige Mitarbeiterin ganz aufgeregt. »Du lieber Himmel, der Schriftsteller? Darf ich meine Schwägerin anrufen und es ihr erzählen? Sie muss das unbedingt erfahren.« Widerwillig lässt sie von ihrem Vorhaben ab, als er sie dringend bittet, darauf zu verzichten. Mein Vater wird in einen einigermaßen abgeschirmten Raum am Ende eines Gangs gebracht, um seine Privatsphäre zu schützen, aber schon nach einem halben Tag laufen Ärzte, Schwestern, Pfleger, Techniker, andere Patienten, Wartungs- und Reinigungspersonal und womöglich auch die Schwägerin der Empfangsdame an seiner Tür vorbei, um einen Blick auf ihn zu erhaschen. Vor dem Haupteingang des Krankenhauses versammelt sich bereits die Presse, und die Nachrichten melden, dass sein Zustand ernst sei. Die Botschaft ist klar: Die Krankheit meines Vaters wird zu einer öffentlichen

Angelegenheit werden. Wir können ihn nicht völlig abschotten; immerhin beruht ein Großteil des Interesses auf Sorge, Bewunderung und Zuneigung. Als wir klein waren, bezeichneten unsere Eltern meinen Bruder und mich stets als die artigsten Kinder der Welt. Ob es nun stimmte oder nicht: Wir mussten den Erwartungen gerecht werden. Auf die Herausforderung, die nun vor uns liegt, müssen wir höflich und dankbar reagieren, unabhängig davon, ob wir die Kraft dazu haben. Gleichzeitig müssen wir unserer Mutter versichern, dass die Grenze zwischen dem Öffentlichen und dem Privaten streng eingehalten wird – wo auch immer wir sie unter den gegebenen Umständen festlegen. Das war ihr immer enorm wichtig, obwohl, oder vielleicht auch weil, sie eine wahre Leidenschaft für die schlimmsten Klatschsendungen im Fernsehen hatte. »Wir sind keine Personen von öffentlichem Interesse«, ermahnt sie uns gerne. Diese Erinnerungen werde ich erst veröffentlichen, wenn sie sie nicht mehr lesen kann, das weiß ich.

Mein Bruder hat meinen Vater seit zwei Monaten nicht mehr gesehen und stellt fest, dass er verwirrter als gewöhnlich ist. Mein Vater erkennt ihn nicht und ist verunsichert, weil er nicht weiß, wo er sich befindet. Es beruhigt ihn ein wenig, wenn sein Fahrer oder seine Sekretärin ihm Gesellschaft leisten. Sie besuchen ihn abwechselnd, und einer von ihnen oder die Köchin oder die Haushälterin verbringen die Nacht bei ihm im Krankenhaus. Es hätte keinen Sinn, wenn mein Bruder bliebe. Mein Vater muss in ein ihm vertrauteres Gesicht blicken, wenn er mitten in der Nacht aufwacht. Der Arzt fragt meinen Bruder, welchen Eindruck unser Vater verglichen mit ein paar Wochen zuvor auf ihn macht, denn sie wissen nicht, ob seine Geistesverfassung von der Demenz herrührt oder von seiner derzeitigen Schwäche. Er gibt kaum sinnvolle Äußerungen von sich und kann selbst einfachste Fragen nicht schlüssig beantworten. Mein Bruder bestätigt, dass sich sein Zustand zwar ein wenig verschlechtert zu haben scheint, er sich aber seit mittlerweile einigen Monaten kaum verändert hat.

Er liegt in einem der bedeutendsten Lehrkrankenhäuser des Landes, und so kommen am ersten Morgen prompt ein Arzt mit einem Dutzend Ärzten und Ärztinnen im Praktikum im Schlepptau in sein Zimmer. Sie drängen sich um das Fußende des Bettes und lauschen dem Doktor, der die Diagnose und die Therapie erklärt. Für meinen Bruder ist es offensichtlich, dass die jungen Leute keine Ahnung haben, in wessen Zimmer sie sich befinden. Einem nach dem anderen ist anzusehen, dass es ihnen langsam dämmert, während sie ihn mit kaum verhohlener Neugierde mustern. Als der Arzt sich erkundigt, ob es noch Fragen gibt, schütteln alle den Kopf und folgen ihm wie Entenküken hinaus.

Immer wenn mein Bruder am Krankenhaus ankommt oder es verlässt, was mindestens zweimal am Tag der Fall ist, rufen ihm die versammelten Reporter Fragen zu. Er ist ein höflicher Mensch, ein Gentleman wie aus dem frühen 19. Jahrhundert, und daher von Natur aus nicht in der Lage, es einfach zu ignorieren, wenn er direkt angesprochen wird. Fragt ihn also jemand: »Gonzalo, wie geht es Ihrem Vater heute?«, fühlt er sich verpflichtet, zu der Gruppe hinzugehen – und steckt dann sofort inmitten einer spontanen Pressekonferenz. Ich sehe Ausschnitte davon im Fernsehen; er arbeitet sich gekonnt, wenn auch angespannt hindurch und bringt dabei eiserne Disziplin auf. Ich rede ihm zu, damit aufzuhören. Mein Argument: Wenn man ein Foto einer bekannten Filmschauspielerin sieht, die missmutig und mit gesenktem Kopf aus einem Café kommt und die Welt um sich herum ignoriert, ist sie weder unhöflich noch arrogant. Sie versucht einfach, so schnell wie möglich mit etwas Würde zu ihrem Auto zu gelangen. Als würde er überredet, sich an einer Straftat zu beteiligen, hört er mir beklommen zu. Schließlich folgt er meinem Rat mit schlechtem Gewissen, aber nach ein wenig Übung gesteht er ein, dass er sich mit der Zeit durchaus für einige heidnische Gebräuche aus dem Showbusiness erwärmen könnte.

Die Lungenentzündung unseres Vaters spricht auf die Behandlung an, aber auf Scans ist zu sehen, dass sich in der Pleurahöhle Flüssigkeit ansammelt, außerdem weisen Lunge und Leber verdächtige Flecken auf. Womöglich handelt es sich um bösartige Tumore, aber ohne Biopsien möchten die Ärzte nur ungern eine spekulative Diagnose stellen. Die fraglichen Bereiche sind schwer zugänglich, sodass für die Gewebeentnahme eine Vollnarkose nötig wäre. Aufgrund seines jetzigen Zustands könnte es passieren, dass er danach nicht mehr eigenständig atmen kann und an ein Beatmungsgerät angeschlossen werden muss. So etwas kennt man aus Arztserien: Es klingt einfach, ist aber dennoch ziemlich erdrückend. In Los Angeles erkläre ich meiner Mutter die Situation, und wie erwartet lehnt sie eine künstliche Beatmung ab. Das bedeutet: keine Operation, keine Biopsien und ohne Krebsdiagnose keine Behandlung.

Mein Bruder und ich besprechen das und kommen überein, dass er versuchen soll, einen der Ärzte zu einer Prognose zu drängen, vielleicht den Assistenzarzt oder den Lungenchirurgen. Mein Bruder fragt: »Falls die Lunge oder die Leber bösartige Tumore aufweisen sollten« – falls, immer falls –, »wie stünden dann die Chancen?« Ihm blieben ein paar Monate, womöglich länger, aber nur mit einer Chemotherapie. Ich schildere dem Onkologen und Freund meines Vaters in Los Angeles die Situation und die Symptome, und er sagt ganz ruhig: »Möglicherweise ist es Lungenkrebs.« Dann fügt er hinzu: »Wenn der Verdacht darauf besteht, nehmt ihn mit nach Hause und macht es ihm so angenehm wie möglich, aber bringt ihn auf keinen Fall wieder ins Krankenhaus. Der Krankenhausaufenthalt macht euch alle nur fertig.« Ich berate mich mit meinem Schwiegervater in Mexiko, der ebenfalls Arzt ist und im Großen und Ganzen ähnlich reagiert: Haltet euch fern vom Krankenhaus, das macht es meinem Vater und uns allen leichter.

4

Ich muss mit meiner Mutter sprechen und ihre schlimmsten Befürchtungen bestätigen: Der Mann, mit dem sie seit über einem halben Jahrhundert verheiratet ist, ist todkrank. Ich warte, bis wir an einem Samstagvormittag einmal allein sind. Zunächst fasse ich die Entwicklung gezielt zusammen und sage ihr, wo wir jetzt stehen. Sie hört zu und sieht mich, so wirkt es, mit mildem Desinteresse an, müde, als höre sie eine Geschichte, die sie schon oft gehört hat. Doch als ich zum Kern komme, versuche ich, mich kurz und präzise auszudrücken: Sehr wahrscheinlich handelt es sich um Lungen- oder Leberkrebs oder beides, und er hat nur noch wenige Monate zu leben. Bevor ihr Gesichtsausdruck irgendetwas verrät, klingelt ihr Telefon, und sie nimmt das Gespräch an. Ich falle aus allen Wolken. Wie vor den Kopf geschlagen sehe ich zu, wie sie mit jemandem in Spanien spricht, und staune über dieses lebende, atmende Musterbeispiel für Verdrängung. Auf eine gewisse Art erscheint mir das gleichermaßen schön wie liebenswert. Trotz all ihrer Kraft und ihrer Reserven ist meine Mutter ein Mensch wie jeder andere auch. Sie hält das Gespräch kurz, legt auf, wendet sich ruhig mir zu und fragt »Was jetzt?«, als würden wir beratschlagen, ob es besser ist, eine Haupt- oder eine Nebenstraße zu nehmen. »Gonzalo bringt ihn übermorgen nach Hause. Wir sollten zurück nach Mexiko fliegen.« Sie nickt, lässt alles auf sich wirken, fragt dann: »Das war es also? Für deinen Vater?«

»Ja, so sieht es aus.«

»*Madre mía*«, sagt sie und schaltet ihre E-Zigarette ein.

5

Das Schreiben über den Tod von geliebten Menschen muss so alt sein wie das Schreiben an sich, und doch verkrampfe ich bei dem Gedanken daran sofort. Ich bin entsetzt, weil ich in Erwägung ziehe, Notizen zu machen, ich schäme mich, während ich sie mache, und ich bin enttäuscht von mir, als ich diese Notizen überarbeite. Das Ganze wird emotional aufgeheizt durch die Tatsache, dass mein Vater berühmt ist. Hinter dem Bedürfnis zu schreiben, könnte die Versuchung lauern, sich im Zeitalter der Vulgarität selbst mehr Ruhm zu verschaffen. Womöglich wäre es angeraten, dem Drang zu widerstehen und bescheiden zu bleiben. Immerhin ist mir die Bescheidenheit die liebste Form der Eitelkeit. Doch wie meistens beim Schreiben sucht das Thema sich den Autor und nicht umgekehrt, deshalb könnte es gar keinen Sinn haben, sich zu verweigern.

Vor einigen Monaten fragte mich eine Freundin, wie es meinem Vater mit seinem Gedächtnisverlust gehe. Ich antwortete, er lebe ausschließlich in der Gegenwart, unbelastet von der Vergangenheit, frei von Erwartungen an die Zukunft. Voraussagen aufgrund früherer Erfahrungen, die, so wird vermutet, für die Evolution von Bedeutung gewesen sind und auch einen der Ursprünge des Geschichtenerzählens darstellen, spielen in seinem Leben keine Rolle mehr.

»Er weiß also nicht, dass er sterblich ist«, schloss sie. »Der Glückliche.«

Das Bild, das ich ihr vermittelt habe, ist natürlich vereinfacht. Es ist überzeichnet. Die Vergangenheit spielt immer noch eine Rolle in seinem Bewusstsein. Er verlässt sich auf das ferne Echo seiner beachtlichen zwischenmenschlichen Fähigkeiten und stellt jedem, der ihm begegnet, eine Reihe ungefährlicher Fragen: »Wie geht es so?« – »Wo wohnen Sie derzeit?« – »Wie geht es der Familie?« Gelegentlich wagt er sich an einen etwas ehrgeizigeren Wortwechsel und verliert währenddessen die Orientierung; entweder entgleitet ihm der Faden oder ihm gehen die Wörter aus. Seine verwirrte Miene und die Scham, die kurz über sein Gesicht zieht wie ein Rauchwölkchen im Wind, verraten eine Vergangenheit, in der Gespräche für ihn so selbstverständlich waren wie das Atmen. Kreative, humorvolle, anregende, provozierende Gespräche. Ein großer *conversador* genoss in seinem ältesten Freundeskreis beinahe so große Achtung wie ein guter Schriftsteller.

Die Zukunft liegt also nicht vollständig hinter ihm. Nach Einbruch der Dämmerung fragt er häufig: »Wo

gehen wir heute Abend hin? Gehen wir doch irgend-
wohin, wo wir uns amüsieren können. Gehen wir tan-
zen. Warum? – Warum nicht?« Wenn man oft genug
das Thema wechselt, spricht er über etwas anders.

Er erkennt meine Mutter und spricht sie mit Me-
che, Mercedes, La Madre oder La Madre Santa an. Es
ist nicht allzu lange her, da gab es ein paar sehr schwierige Monate, in denen er sich an die Frau erinnerte, mit
der er sein Leben lang verheiratet war – jedoch die Frau,
die vor ihm stand und behauptete, selbige zu sein, hielt
er für eine Betrügerin.

»Warum kommandiert sie hier herum und regelt den
Haushalt, wenn ich sie gar nicht kenne?«

Meine Mutter reagierte verärgert darauf.

»Was ist denn los mit ihm?«, fragte sie fassungslos.

»Es liegt nicht an ihm, Mama. Es liegt an der Demenz.« Sie sah mich an, als wolle ich sie auf den Arm
nehmen. Überraschenderweise ging diese Phase vorüber, und meine Mutter erlangte in seinem Kopf ihren
Platz als seine wichtigste Gefährtin zurück. Sie ist der
letzte Haltestrick. Seine Sekretärin, den Fahrer, die Köchin, die alle seit Jahren im Haus arbeiten, erkennt er
als vertraute und freundliche Menschen, die ihm Sicherheit vermitteln, aber er weiß ihre Namen nicht
mehr. Wenn mein Bruder und ich zu Besuch kommen,
mustert er uns lange und genau, mit ungehemmter
Neugier. Irgendwie kommen ihm unsere Gesichter bekannt vor, aber er kann uns nicht zuordnen.

»Wer sind die Leute da im Nebenzimmer?«, fragt er eine Haushälterin.

»Ihre Söhne.«

»Wirklich? Diese Männer? *Carajo*. Das ist ja unglaublich.«

Zwei Jahre zuvor gab es eine hässlichere Phase. Mein Vater war sich vollständig der Tatsache bewusst, dass ihm sein Geist entglitt. Er bat beharrlich um Hilfe, wiederholte ständig, dass er das Gedächtnis verliere. Es fordert einen enormen Tribut, jemanden in diesem verängstigten Zustand zu sehen und seine endlosen Wiederholungen immer wieder ertragen zu müssen. Er sagte etwa: »Ich arbeite mit meiner Erinnerung. Die Erinnerung ist mein Werkzeug und mein Rohmaterial. Ohne kann ich nicht arbeiten. Hilf mir«, und dann wiederholte er das den halben Nachmittag in dieser oder etwas anderer Formulierung mehrmals pro Stunde. Es war zermürbend. Irgendwann ging es vorbei. Er fand wieder zu etwas mehr Gelassenheit zurück und sagte manchmal: »Ich verliere das Gedächtnis, aber zum Glück vergesse ich, dass ich es verliere.« Oder: »Alle behandeln mich wie ein Kind. Wie gut, dass ich das mag.«

Seine Sekretärin erzählt mir, dass sie ihn eines Nachmittags allein mitten im Garten stehend vorfand. Gedankenverloren blickte er in die Ferne.

»Was machen Sie hier draußen, Don Gabriel?«

»Weinen.«

»Weinen? Sie weinen doch gar nicht.«

»Doch. Aber ohne Tränen. Ist Ihnen nicht bewusst, dass mein Kopf jetzt kaputt ist?«

Ein andermal sagte er zu ihr: »Das ist nicht mein Zuhause. Ich will nach Hause. Nach Hause zu meinem Papa. Ich habe ein Bett neben dem von Papa.«

Wir vermuten, dass er nicht seinen Vater, sondern seinen Großvater meinte, den Oberst (und die Inspiration für Oberst Aureliano Buendía), bei dem er bis zum Alter von acht Jahren lebte. Der Oberst war der einflussreichste Mensch in seinem Leben. Mein Vater schlief auf einer kleinen Matratze auf dem Boden neben seinem Bett. Nach 1935 sahen sie sich nie mehr.

»So ist das eben mit Ihrem Vater«, sagt seine Sekretärin zu mir. »Er kann sogar über Hässliches schön sprechen.«

6

*E*ines Vormittags liefert ein Reha-Mietservice ein Pflegebett an. Eine Frau stellt es unter der Aufsicht der Sekretärin meines Vaters im Gästezimmer auf. Später sieht die Frau in den Abendnachrichten einen Krankenwagen vor unserem Haus, der meinen Vater aus der Klinik zurückbringt, und begreift, für wen das Bett ist. Am nächsten Tag schreibt sie uns im Auftrag ihres Chefs einen Brief: Es sei ihnen eine Ehre, meinem Vater das Pflegebett zur Verfügung zu stellen, natürlich kostenlos. Meine Mutter will zunächst spontan ablehnen, denn ihr ist es wichtig, immer alles selbst zu zahlen. Aber wir überreden sie, es anzunehmen. Eine Sache weniger, um die wir uns kümmern müssen.

Nachdem mein Vater das Krankenhaus verlassen hat, veröffentlicht eine Boulevardzeitung seinen Entlassungsbericht. Anscheinend hat mein Bruder das Dokument verloren, und es wurde von einer Besucherin des Krankenhauses gefunden, die es wiederum ihrer Tochter schenkte, die gerade eine Operation hinter sich hat und eine begeisterte Leserin der Bücher meines Vaters ist. Wie es an die Presse kam, bleibt ein Rätsel.

7

Seit sich herumgesprochen hat, dass mein Vater im Krankenhaus liegt, versammeln sich Presse und Fans vor dem Gebäude. Am Tag seiner Entlassung warten fast hundert Leute dort, und die Stadtverwaltung hat Polizeibeamte stationiert, um einen Bereich vor der Haustür frei zu halten. Der Krankenwagen, der ihn nach Hause bringt, fährt rückwärts in die Garage, aber er ist zu lang, um das Tor wieder zu schließen. Mein Bruder, eine Haushälterin und die Sekretärin meines Vaters halten Bettlaken hoch, um ihn vor den Kameras zu schützen, während er hinten aus dem Krankenwagen und ins Haus getragen wird. Das veröffentlichte Foto von meinem Bruder, wie er das Laken hochhält, um einen Rest an Privatsphäre zu bewahren, macht mich wütend. Doch ich besinne mich darauf, dass die meisten Menschen vor der Tür zur Leserschaft meines Vaters gehören und dass auch einige seriöse Pressevertreter unter den Anwesenden sind und nicht nur Boulevardblätter.

Freunde und Ärzte, die ankommen oder gehen, werden schamlos von Journalisten belästigt, die nach dem neuesten Stand fragen. Wir Familienmitglieder fahren normalerweise in die Garage und schließen das Tor hinter uns, daher bleiben wir verschont. Die Sekretärin meines Vaters erzählt, bei einer der äußerst seltenen Gelegenheiten in dieser Woche, zu denen meine Mutter aus dem Haus ging, ließ sich bei ihrer Rückkehr das Garagentor nicht öffnen. Ihr blieb nichts anders übrig, als vor der Garage zu parken und die etwa zehn Schritte zur Haustür zu Fuß zu gehen. Als sie aus dem Auto stieg, herrschte auf der Straße urplötzlich Totenstille, ein spontanes Zeichen des Respekts. Sie legte die kurze Strecke mit leicht gesenktem Kopf zurück, als wäre sie in Gedanken, doch nicht über die Maßen befremdet, so als ginge sie lediglich von ihrem Zimmer ins Bad, ohne zu bemerken oder sich dafür zu interessieren, dass sich ihretwegen die Atmosphäre geändert hatte. Mein Vater sagte häufig, sie sei der erstaunlichste Mensch, dem er je begegnet sei.

Wir sind der Meinung, dass mein Vater nicht im Eheschlafzimmer untergebracht werden kann, weil die Pflegemaßnahmen den Schlaf meiner Mutter stören würden. Er kommt in ein Gästezimmer nicht zu weit von ihr entfernt, das auch als Vorführraum dient. Vor Jahrzehnten befand sich dort eine große Terrasse, auf der sich Oberschüler zum Rauchen trafen, aber die Fläche wurde irgendwann überbaut.

Nachdem er in das Pflegebett gelegt wurde, lauten die ersten Worte meines Vaters, heiser geflüstert und kaum zu verstehen: »Ich will nach Hause.« Meine Mutter erklärt ihm, dass er zu Hause sei. Er sieht sich irgendwie enttäuscht um, anscheinend erkennt er nichts. Mit einer für ihn typischen Geste führt er die rechte Hand zittrig zum Gesicht. Die Hand landet auf seiner Stirn, rutscht dann ganz langsam über die Augen und schließt sie. Ein Stirnrunzeln und fest zusammengepresste Lippen vervollständigen das Bild. Diese Geste benutzt er als Zeichen der Erschöpfung oder der Konzentration oder auch, wenn er gerade etwas erfahren hat, was ihn betroffen macht, vor allem, wenn sich jemand in einer Notlage befindet. Während der nächsten Tage sehen wir diese Geste häufig.

Mein Vater wird von seinen beiden Stammpflegerinnen und zwei Krankenschwestern versorgt, die in zwei Schichten arbeiten. Die Tagesschwester ist beeindruckend. Sie wurde uns vom Krankenhaus am Tag seiner Entlassung empfohlen. Sie ist Ende dreißig, verheiratet, kinderlos, herzlich, gelassen und selbstsicher, und sie besitzt einen gesunden Menschenverstand. Ihre Berichte verfasst sie detailliert und fein säuberlich in Schreibschrift, die Medikationen und die Versorgungsmaterialien listet sie akribisch genau auf, den ganzen Tag über zieht sie immer wieder die Vorhänge auf und zu, um die Helligkeit im Raum angenehm zu dosieren. Es ist schön, einer Person zuzusehen, die ihre Tätigkeit herausragend beherrscht, und dazu tut es gut, von einer empathischen Pflegekraft unterstützt zu werden. Sie hat eine starke Ausstrahlung. Auch mit ihrem Patienten geht sie liebevoll um. Sie spricht ihn oft mit *mi amor* oder *chiquito hermoso* (lieber Kleiner) an. Nur ein einziges Mal sehe ich sie verwirrt. Als sie die neuesten Anweisungen eines Arztes durchsieht, entdeckt sie etwas, das in ihren Augen entweder ein unvollständiges Formular oder ein Widerspruch in den Anordnungen meines Vaters zu »keine Wiederbelebungsversuche« ist. Eine gute halbe Stunde beschäftigt sie sich mit nichts anderem als mit dem Prüfen der Unterlagen und hinterlässt telefonische Nachrichten. Schließlich spricht sie mit dem Kardiologen und ist zufrieden mit der Auskunft, die sie erhält. Nachdem meine Mutter ein letztes Mal ihre Initialen unter das Schriftstück gesetzt hat und ich der Schwester versichert habe, dass alles jedermanns Wünschen entspricht, macht sie sich sichtlich erleichtert wieder an ihre normale Arbeit.

Gelegentlich wacht mein Vater auf, dann herrscht große Aufregung um ihn herum. Familienmitglieder, Pflegepersonal, nicht selten auch ein Arzt, der gerade einen Besuch abstattet, alle sind froh, mit ihm kommunizieren zu können. Wir stellen ihm Fragen, lauschen aufmerksam seinen Antworten und ermuntern ihn zu Gesprächen. Wir freuen uns sehr, dass er wach ist, und die Ärzte und Pflegekräfte finden es aufregend, sich mit dem legendären Maestro zu unterhalten. Er spricht mit einer Besonnenheit, die einen im Glück des guten Augenblicks vergessen lässt, dass er seit Jahren schwer an Demenz leidet und dass der Mann, mit dem wir sprechen, kaum präsent ist, kaum etwas von allem begreift, kaum er selbst ist.

Mehrmals am Tag wird er im Bett umgelagert, er bekommt Massagen und wird gedehnt. Ich merke, wie ihn ein schläfriges Behagen überkommt, wenn er wach ist. Eines Nachmittags stattet uns ein junger Arzt – der Oberarzt des Krankenhauses, Sohn eines kolumbianischen Vaters – einen Besuch ab. Er fragt meinen Vater, wie er sich fühle, und die Antwort lautet »Jodido« (miserabel). Die Schwester informiert ihn in ihrem langen Bericht unter anderem darüber, dass mein Vater wund gelegen ist und dass sie »cuidando sus genitales« (seine Genitalien versorgt) und Creme aufgetragen hätten. Mein Vater hört mit entsetzter Miene zu. Aber er lächelt, und sein Gesichtsausdruck lügt nicht: Er scherzt. Um es deutlich zu machen, fügt er hinzu: »Quiere decir, mis huevos.« (Meine Eier, meinen Sie.) Der ganze Raum lacht sich schief. Sein Humor hat offenbar die Demenz überdauert. Er ist ein wesentlicher Teil dessen, was meinen Vater am meisten auszeichnet. Was seinen Körper angeht, war er größtenteils zurückhaltend, um nicht zu sagen verschämt. Aber ich glaube nicht, dass er die Art und Weise, wie er gepflegt wird, als würdelos empfunden hätte. Die Zuneigung, die ihm zuteilwird, hätte ihn sehr berührt.

Wenn der Schichtwechsel der Pflegekräfte ansteht, versammeln sich die beiden Schwestern und die beiden

Pflegerinnen sowie eine oder beide Haushälterinnen ein paar Minuten lang im Zimmer. Die Sekretärin meines Vaters wirft einen Blick auf seine Füße, als die Bettwäsche gewechselt wird, und bemerkt, sie habe schon gehört, dass er schöne Füße habe, sie aber noch nie gesehen. Die Frauen betrachten gemeinsam seine Füße und stimmen zu. Ich habe nicht die geringste Ahnung, wo um alles in der Welt sie das gehört haben könnte. Ich frage lieber nicht.

Manchmal wird er von einem Chor Frauenstimmen geweckt. Er schlägt die Augen auf, die sofort strahlen, sobald die Frauen sich ihm zuwenden und ihn voller Warmherzigkeit und Bewunderung ansprechen. Bei einer dieser Gelegenheiten bin ich nebenan, als die Frauen laut auflachen. Ich gehe ins Zimmer, um zu fragen, was los sei. Sie sagen, mein Vater habe die Augen geöffnet, die Frauen geduldig angesehen und ganz ruhig gesagt: »No me las puedo tirar a todas.« (Ich kann euch nicht alle vögeln.)

Als einen Augenblick später meine Mutter den Raum betritt, schlagen ihn ihre Stimme und ihre Ausstrahlung sofort in den Bann.

8

Während meiner gesamten Kindheit hielten meine Eltern nachmittags ein Schläfchen, beinahe ohne Ausnahme. Gelegentlich bat mein Vater uns, ihn zu wecken, falls er über eine bestimmte Uhrzeit hinaus noch schlafen sollte. Mein Bruder und ich lernten in einem sehr frühen Alter, dass diese Aufgabe mit Risiken behaftet war. Stand man zu nahe bei ihm, wenn man ihn mit Worten wecken wollte oder ihn, Gott bewahre, gar stupste, erschrak er ganz furchtbar. Er wachte schreiend auf, fuchtelte mit den Armen, wie um sich zu schützen, und schnappte entsetzt nach Luft. Es dauerte immer eine Weile, bis er sich wieder in diese Welt versetzt hatte. Daher dachten wir uns eine List aus: Wir stellten uns in die Schlafzimmertür und riefen leise seinen Namen. Manchmal fuhr er trotzdem ruckartig hoch, aber das kam selten vor. Und falls er doch verschreckt reagierte, konnten wir uns ganz schnell in den Gang zurückziehen.

Wachte er gut auf, rieb er sich bedächtig mit beiden Händen das Gesicht, als würde er sich waschen, dann rief er uns mit seinem Lieblingskosenamen, *Perro Burro* (Eselshund). Er winkte uns herbei, ließ sich von uns küssen und fragte dann: »Was gibt es Neues? Was macht das Leben?« Es kam auch öfter vor, dass er nachts ächzte und stöhnte. Meine Mutter rüttelte ihn dann an der Schulter, um ihn aufzuwecken. Nach einer turbulenten Nacht fragte ich ihn einmal, was er geträumt habe. Er schloss die Augen, um sich zu erinnern.

»Es ist ein schöner Tag, ich sitze in einem Kanu ohne Ruder und treibe ganz langsam und friedlich einen beschaulichen Fluss hinunter.«

Wo denn da der Albtraum stecke, wollte ich wissen.

»Keine Ahnung.«

Aber ich bin mir sicher, er weiß es doch. Obwohl er hartnäckig leugnet, dass in seinen Texten eine bewusste Symbolik steckt, und obwohl er alle akademischen und intellektuellen Theorien verachtet, die Licht auf die Bilder in seinen Geschichten werfen könnten, weiß er, dass er wie jeder andere Mensch auch ein Sklave des Unbewussten ist. Er weiß, dass manche Dinge für andere Dinge stehen. Und wie so viele andere Schriftsteller ist auch er vom Thema Verlust und dessen größter Manifestation, dem Tod, besessen. Tod als Ordnung und Chaos, als Logik und Widersinn, als das Unvermeidliche und das Unakzeptierbare.

9

Mit Anfang siebzig, während und nach mehreren Runden Chemotherapie, schrieb mein Vater seine Memoiren. Das Projekt war zunächst als mehrbändige Reihe konzipiert. Der erste Band sollte mit seinen frühesten Erinnerungen beginnen und mit seinem Umzug nach Paris im Alter von siebenundzwanzig Jahren enden, wo er als Korrespondent arbeitete. Aber er schrieb keine Fortsetzungen, insbesondere weil er fürchtete, es könne auf Namedropping hinauslaufen, wenn er über erfolgreiche Phasen in seinem Leben schrieb – so war es häufig bei Lebensgeschichten von Berühmtheiten. Ein Abend mit Soundso, der Besuch im Atelier eines berühmten Malers, Ränke schmieden mit dem ein oder anderen Staatsoberhaupt, Frühstück mit einem charismatischen Rebellen.

»Für mich ist sowieso nur der erste Band interessant«, sagte er. »Da geht es nämlich um die Jahre, die mich zum Schriftsteller gemacht haben.«

In einem anderen Zusammenhang sagte er einmal:

»Nach meinem achten Geburtstag habe ich nichts Interessantes mehr erlebt.«

So alt war er, als er bei seinen Großeltern auszog, fort von dem Ort Aracataca und der Welt, die seine frühen Schriften inspirierte. Seine ersten Bücher, gestand er, waren Testläufe für *Hundert Jahre Einsamkeit*.

Bei der Recherche für seine Memoiren kontaktierte er sogar Freunde aus seiner Kindergartenzeit; viele von ihnen hatte er seither nicht mehr gesehen oder nichts von ihnen gehört. In manchen Fällen konnte er nur noch mit einem Sohn, einer Tochter oder einer Ehefrau sprechen, weil der Freund nicht mehr am Leben war. Er hatte damit gerechnet, dass einige im Laufe der Jahre bereits gestorben waren, aber er war verblüfft, wer alles erst vor Kurzem gegangen war: Männer, die lange, relativ glücklich und produktiv gelebt hatten und dann mit Mitte siebzig verschieden waren, so wie es der durchschnittlichen Lebenserwartung auf der Welt entspricht. Der Tod dieser Männer in seinem Alter hatte für ihn nichts Tragisches, sondern war lediglich das Ende des natürlichen Lebenszyklus. Nach dieser Phase sagte er häufig »Jetzt sterben eine Menge Leute, die vorher nicht gestorben sind«, und er genoss das Gelächter, das er damit hervorrief.

10

Obwohl er ein geselliges Wesen hatte und sich in der Öffentlichkeit sichtlich wohlfühlte, war mein Vater ein ziemlich zurückhaltender, zuweilen gar verschlossener Mensch. Das soll nicht heißen, dass er den Ruhm nicht genießen konnte oder nach jahrzehntelanger Bewunderung gänzlich von Narzissmus verschont geblieben wäre. Dennoch brachte er der Berühmtheit und dem literarischen Erfolg immer ein gewisses Misstrauen entgegen. Im Lauf der Jahre erinnerte er uns (und auch sich selbst) mehrfach daran, dass weder Tolstoi noch Proust noch Borges jemals den Nobelpreis gewonnen hätten, ebenso wenig wie drei seiner Lieblingsschriftsteller: Virginia Woolf, Juan Rulfo und Graham Greene. Er hatte oft den Eindruck, als wäre sein Erfolg nicht etwas, das er selbst zuwege gebracht hatte, sondern etwas, das ihm widerfahren war. Bis zu einem späten Zeitpunkt in seinem Leben, als sein Gedächtnis schon nachließ, las er seine Bücher nie noch einmal, aus Angst, er würde sie unzulänglich finden und sie könnten seine Kreativität lähmen.

11

*I*ch fliege für ein paar Tage zurück nach Los Angeles, um weiter an dem Film zu arbeiten, den ich gerade schneide. Es ist eine Geschichte über Väter und Söhne. In dem langen Höhepunkt, mit dem wir momentan beschäftigt sind, geht es um den Tod des Vaters, an dem durch eine Verkettung von Umständen der Sohn womöglich zu einem Teil die Schuld trägt. Es gibt eine Konfrontation, gefolgt von so etwas wie einem Unfall, dann eine Sterbeszene, und schließlich wird der Leichnam weggetragen und gewaschen. In einer Art Abschlussritual wird der Körper vernichtet und der Vater damit für immer vom Antlitz der Erde getilgt. Dass ich während der letzten Lebenswochen meines Vaters genau daran arbeiten muss, ist ein finsterer Zufall, der niemandem in meinem Umfeld entgeht. Ich nehme das hin, als wäre es etwas, das man einfach überstehen und akzeptieren muss: der Humor Gottes. Aber mit der Zeit kann ich nicht mehr so tun, als würde es mir nicht zusetzen, an diesen Szenen zu arbeiten. Es ist belastend. Ich hasse mich dafür, eine solche Geschichte geschrieben zu haben. Ich esse zu viel, hauptsächlich Schokolade, um den Schmerz ein wenig zu lindern. Vielleicht ist eine Geschichte nur dann erzählenswert, wenn sie einen zum Lachen bringt. Das mache ich beim nächsten Mal, ganz bestimmt. Oder vielleicht auch nicht.

Ein paar Jahre, nachdem ich als Filmregisseur angefangen hatte, wurde ich oft gefragt, welche Künstler mich beeinflusst hätten. Gehorsam spulte ich eine Liste von Namen herunter, zum Teil originelle, meistens naheliegende, bis der Tag kam, an dem mir klar wurde, dass ich nicht ehrlich war. Kein Filmregisseur, Schriftsteller, Dichter – kein Gemälde und kein Song – hat einen so großen Einfluss auf mich ausgeübt wie meine Eltern, mein Bruder, meine Frau, meine Töchter. Die meisten wissenswerten Dinge lernt man immer noch zu Hause.

12

Bei meiner Rückkehr nach Mexiko ist mein Vater erst eine gute Woche wieder zu Hause, doch meine Mutter wirkt schon sehr erschöpft. Sie fragt mich, ob ich wirklich meine, dass das alles Monate dauere, und sie fragt es mich auf eine Art, die durchblicken lässt, dass sie nicht das Gefühl hat, so lange durchhalten zu können. Gleichwohl ist die Rekonvaleszenz meines Vaters eine ruhige Zeit. Der Raum, in dem er liegt, befindet sich abseits von den anderen Zimmern. Er wird Tag und Nacht versorgt, und im Großen und Ganzen wirkt er zufrieden. Im restlichen Haus scheint alles seinen normalen Gang zu gehen. Doch für meine Mutter tickt die Uhr in diesem Zimmer erbarmungslos langsam und so laut wie die Glocken einer Kathedrale.

Ich antworte ihr, dass es wohl nicht so lange dauern wird, aber mit dieser Einschätzung will ich sie vor allem trösten. Am nächsten Morgen kommt der Kardiologe wieder. Nachdem er meinen Vater lange untersucht hat, ändert er seine Prognose. Jetzt soll es nicht mehr Monate dauern, sondern sehr wahrscheinlich nur noch Wochen. Drei vielleicht, vielleicht auch weniger. Meine Mutter hört schweigend zu und raucht, womöglich ist sie gleichermaßen erleichtert wie bestürzt.

Später besucht uns ein etwa vierzigjähriger Gerontologe, um uns Ratschläge für die Palliativpflege zu geben. Er ist der Jüngste der vielen Ärzte, mit denen wir in letzter Zeit zu tun hatten – erstaunlich, wenn man davon ausgeht, dass junge Menschen die Herausforderungen des Alters wohl kaum nachvollziehen können. Meine Mutter fragt ihn aus, das tut sie bei allen Leuten. Er erzählt, er sei Lymphompatient in Remission. Jetzt sehe ich ihn mit ganz anderen Augen, plötzlich wirkt er verletzlich und unsicher. Dass er womöglich viel unmittelbarer vom Tod bedroht ist als seine Patienten, die mehrere Jahrzehnte älter sind, muss bedrückend sein. Er sagt, wenn die Zeit gekommen sei und wir alles beschleunigen wollten, könnte man die künstliche Flüssigkeitszufuhr bei meinem Vater abstellen. Er klärt uns auf, dass das Recht auf Wasser in einigen wenigen Ländern als Menschenrecht gelte, das einem Patienten unter keinen Umständen verweigert werden dürfe. Im mexikanischen Recht sei das nicht der Fall, und es sei nicht ungewöhnlich, dass Familienmitglieder die Flüssigkeitsversorgung unterbrechen, wenn das Ende naht. Der Patient werde dann normalerweise sediert, sagt er, und müsse nicht leiden. Wir hören ihm schweigend zu, als wäre es ein eigenartiger Monolog in einem experimentellen Theaterstück. Sich das vorzustellen ist faszinierend und absurd. Pragmatisch, barmherzig, mörderisch.

13

Meine Mutter und ich sehen uns zusammen die Nachrichten an, da sagt sie aus heiterem Himmel: »Wir müssen vorbereitet sein, das gibt einen Riesenwirbel.« Sie meint damit die Reaktionen in den Medien, in der Leserschaft und im Freundeskreis auf der ganzen Welt auf den Tod meines Vaters. Sehr viele haben schon angerufen und geschrieben, seit bekannt wurde, dass er ins Krankenhaus musste. Dann meldeten mehrere Stellen, er sei wieder zu Hause, um dort seine letzten Tage zu verbringen. Er ist siebenundachtzig Jahre alt, es ist also nicht besonders weit hergeholt, anzunehmen, dass es wirklich nicht so gut um ihn steht.

Gemeinsam mit meinem Bruder beschließen wir, einige wenige uns persönlich bekannte Journalisten anzurufen, sobald mein Vater stirbt. Die Liste ist kurz: zwei Zeitungen in Kolumbien, die eine ist die einflussreichste in diesem Land, die andere ist die Zeitung, bei der mein Vater mit Anfang zwanzig seine Karriere begann. In Mexiko entscheiden wir uns für eine der führenden Journalistinnen dort, die sowohl im Fernsehen als auch im Radio eigene Nachrichtensendungen hat. Wir wollen auch ein paar engen Freunden Bescheid geben, die diese Nachricht dann nach eigenem Ermessen verbreiten können. Seine Agentin und Freundin gehört natürlich dazu, zwei weitere Freunde aus Barcelona und einer seiner Brüder, die Kontaktperson für die Familie in Kolumbien. Sie wurden bereits vorgewarnt, dass es nicht mehr lange dauern werde.

TEIL ZWEI

Entonces cruzó los brazos contra el pecho y empezó a oír las voces radiantes de los esclavos cantando la salve de las seis en los trapiches, y vio por la ventana el diamante de Venus en el cielo que se iba para siempre, las nieves eternas, la enredadera nueva cuyas campánulas amarillas no vería florecer el sábado siguiente en la casa cerrada por el duelo, los últimos fulgores de la vida que nunca más, por los siglos de los siglos, volvería a repetirse.

– El general en su laberinto

Dann kreuzte er die Arme über der Brust und hörte auf einmal die klaren Stimmen der Sklaven, die in den Zuckermühlen um sechs das Salve sangen, und sah durch das Fenster am Himmel den Diamanten der Venus, der für immer ging, den ewigen Schnee, die neuen Triebe der Kletterpflanze, deren gelbe Glocken er am kommenden Sonnabend an dem von der Trauer verschlossenen Haus nicht würde blühen sehen, den letzten Glanz des Lebens, das sich bis zum Ende aller Zeiten niemals mehr wiederholen würde.

– *Der General in seinem Labyrinth*

14

*I*ch fliege nach Los Angeles, um noch ein paar Tage im Schneideraum zu verbringen. An meinem zweiten Abend zu Hause gehe ich früh zu Bett, aber nachdem ich das Licht ausgemacht habe, fürchte ich mich davor, dass das Telefon mitten in der Nacht klingeln und mich zu Tode erschrecken könnte. Beides geschieht. Mein Bruder ist am anderen Ende der Leitung, er hört sich bewusst ruhig an.

»Hey. Er hat hohes Fieber. Der Arzt meint, du solltest lieber zurückkommen.«

Nachdem ich aufgelegt habe, buche ich mir auf dem Handy einen frühen Flug und liege im Dunkeln wach. Ein tiefes Mitleid für meinen Bruder, meine Mutter und mich überkommt mich. Als mein Bruder und ich als Kinder in Mexiko und Spanien aufwuchsen, war der Rest der Familie beider Seiten in Kolumbien, daher entwickelten wir vier ein starkes Zusammengehörigkeitsgefühl, wir waren eine Einheit, ein Viererklub. Jetzt wird der Klub bald sein erstes Mitglied verlieren. Es ist kaum zu ertragen.

Als ich am nächsten Tag im Flugzeug sitze, bin ich mir einen Augenblick lang nicht sicher, ob Mexico City mein Ausgangspunkt oder mein Ziel ist, so diffus waren die letzten Tage. Sobald ich gelandet bin, rufe ich auf dem Weg von der Passkontrolle zur Gepäckausgabe meinen Bruder an.

»Ihm bleiben keine vierundzwanzig Stunden mehr«, sagt er.

Verdammt. Wie ging das von »Er hat nur noch ein paar Monate« über »Eher sind es noch wenige Wochen« bis zu vierundzwanzig Stunden? Nach zig Gesprächen mit Krankenschwestern, Chirurgen, Onkologen, Lungenspezialisten, Oberärzten und Gerontologen, die Spekulationen stets strengstens vermieden haben, ist diese neue Prognose unerbittlich deutlich. Der Kardiologe meines Vaters hat sich bei jeder Gelegenheit bemüht, den Unterschied zwischen dem Möglichen und dem Wahrscheinlichen zu erklären. Jetzt befinden wir uns im Definitiven. Es scheint bemerkenswert, mit welcher Sicherheit alle plötzlich versichern können, dass sein Leben innerhalb eines Tages vorbei sein wird – aber offenbar ist das kein Hexenwerk. Die Nieren versagen. Der Kaliumspiegel im Blut steigt an. Das führt zum Herzstillstand. Genau so sind schon Hunderte Millionen Menschen vor ihm gestorben. Das Leben, so alt es ist und so oft es gelebt wurde, ist zum Glück weiterhin unberechenbar. Wenn der Tod auf seiner Umlaufbahn so nahe kommt, enttäuscht er selten.

Mir laufen Tränen über das Gesicht, als ich auf das Gepäckband zugehe.

15

Ich bitte die Tagesschwester, es mir mitzuteilen, wenn sie bei meinem Vater irgendwelche Veränderungen oder Symptome bemerkt, die darauf hindeuten könnten, dass das Ende naht. Ich füge hinzu, sie müsse uns keineswegs zwingend vorwarnen, aber falls ihr etwas auffiele, wäre ich froh, es zu wissen. Die Frau meines Bruders und ihre Kinder sind mit dem Flieger aus Paris, wo sie leben, gekommen, meine Frau und unsere Töchter werden am nächsten Morgen landen.

Während meine Mutter sich an diesem Nachmittag kurz hinlegt, arbeite ich ein wenig im Arbeitszimmer meines Vaters. Ich blicke auf das Haus, es ist ausgesprochen ruhig. Ich gehe hinaus in den Garten, stehe ganz still da und staune, weil nichts darauf hindeutet, dass in einem Zimmer im oberen Stockwerk ein Menschenleben zu Ende geht.

Das Viertel, in dem das Haus liegt, wurde in den Vierziger- und Fünfzigerjahren von dem Architekten Luis Barragán entwickelt. Ursprünglich bestand es aus Wohnhäusern im Stil der klassischen Moderne, zu denen sich

in den Siebzigern und Achtzigern Villen von zweifelhaf-
tem, architektonischem Wert gesellten. Mein Vater war
nie besonders angetan von der Gegend. Aber er fand ein
Haus von Manuel Parra, einem besonderen Architekten,
der seine eigene Handschrift entwickelte – eine Kreu-
zung aus mexikanischem Kolonialstil mit spanischen
und maurischen Einflüssen. Er verarbeitete oft Türen, Fensterrahmen und Steinmetzarbeiten aus Abriss-
häusern. Trotz der zweifelhaften Mischung aus unterschiedlichen Bestandteilen wirken die Häuser, die er
entwarf, echt und einladend. Mein Vater hatte seine
Werke stets bewundert und fand es lustig, wenn nicht
geradezu ein wenig pervers, ein Haus von ihm zu be-
wohnen, das in diesem Viertel aus kopflastigen, klas-
sisch modernen Bauten und protzigen Marmorpalästen
stand.

Als Teenager lag ich oft im Gras, blickte hinauf in den
Himmel und spürte eine enge Verbundenheit mit diesem Garten. (Schon damals war mir bewusst, dass es
ungefähr der langweiligste nur denkbare Lieblingsplatz
für einen Jungen war.) Von dieser Stelle aus war das Ta-
gesende angenehm. Wer mehrere Jahre in Mexico City
gelebt hat, weiß, dass die späten Nachmittage einzigar-
tig sein können. Manchmal macht der Regen die Luft
transparent, sie duftet, und in der Ferne sieht man den
Ajusco. Über die Stadt legt sich dann eine plötzliche
Ruhe. Man hat das Gefühl, nicht in der schadstoffbelas-
teten chaotischen Metropole zu sein, sondern in dem

herrlichen Tal, das hier einst war, und einen Augenblick lang spürt man gleichzeitig Sehnsucht und Verheißung. Mein Bruder und meine Schwägerin heirateten hier bei Sonnenschein, eine Stunde später ließ ein heftiges Unwetter während der Feier murmelgroße Hagelkörner auf die Zelte niederprasseln. Mein Vater war begeistert. Seiner Meinung nach konnte das nur Glück bringen. Sie sind jetzt seit über dreißig Jahren verheiratet.

Auch der sechzigste Geburtstag meines Vaters wurde in diesem Garten gefeiert. Zu dem Fest wollte er nur Freunde seiner Generation einladen. Einige jüngere Freunde nahmen ihm das übel und sprachen ihn darauf an. Er blieb unnachgiebig und zeigte kein schlechtes Gewissen: Im Haus gebe es nicht ausreichend Platz für alle Menschen in seinem überaus großen Leben, daher habe er nur Personen aus seiner Altersgruppe ausgewählt. Insgeheim schämte er sich aber sehr dafür, andere gekränkt zu haben.

Ich gehe durch das Erdgeschoss des Hauses. Die Küche wurde nach dem Mittagessen aufgeräumt, das Wohnzimmer sieht aus wie immer. Nicht ganz genau natürlich, denn die Möbel, die Kunstwerke und der Firlefanz haben sich Jahrzehnt um Jahrzehnt schichtweise angesammelt und etwas gebildet, das gleichzeitig ein bisschen neu und beruhigend alt ist. Es ist völlig unmöglich, irgendetwas davon genau zu datieren. Da gibt es zum Beispiel ein kleines, uraltes Gebilde aus Stein, das einer Blume mit Blütenblättern ähnelt, die scharf sind wie ein Gemüsemesser; es war schon Anfang der Achtziger da. Dann ein handgeschriebenes Gedicht von Rafael Alberti, der nach vierzigjährigem Exil nach Madrid zurückgekehrt war, es muss aus den Siebzigern stammen, ein Selbstporträt von Alejandro Obregón mit Einschusslöchern darin (der Künstler schoss eines Abends in betrunkenem Zustand seinem gemalten Ich mit einem Revolver ins Auge, weil er sich ärgerte, dass seine erwachsenen Kinder um das Bild stritten) und ein Fotoband von Jacques Henri Lartigue, den ich mir immer wieder ansehe, seit ich zwölf bin.

Etwa fünfundzwanzig Jahre lang gab es einen Papagei im Haus. Manchmal war zu hören, wie er einem nicht anwesenden hübschen Mädchen etwas vorpfiff, wenn nachmittags eine Tür geschlossen wurde oder ein Telefon klingelte; nach dieser Anstrengung machte er es sich für den Rest des Tages gemütlich. Nur wenige von uns schenkten dem Vogel viel Aufmerksamkeit, aber als er starb, waren alle untröstlich.

16

*I*ch gehe nach oben und werfe einen Blick ins Zimmer meines Vaters. Die Tagesschwester ist mit Notizen beschäftigt, und die Pflegerin liest eine Zeitschrift. Mein Vater liegt ganz still da, fast, als würde er schlafen, aber in diesem Raum herrscht eine andere Atmosphäre als im Rest des Hauses. Trotz der Ruhe scheint die Zeit hier schneller zu vergehen, als hätte sie es eilig und wolle dringend Platz für mehr Zeit schaffen. Es ist irritierend.

Ich stelle mich ans Fußende des Bettes und betrachte ihn in seinem reduzierten Zustand. Ich fühle mich gleichzeitig wie sein Sohn (sein kleiner Sohn) und sein Vater. Mir ist deutlich bewusst, dass ich einen einzigartigen Überblick über seine siebenundachtzig Jahre habe. Der Anfang, die Mitte und das Ende liegen vor mir und falten sich auf wie ein Leporello.

Es ist ein schwindelerregendes Gefühl, das Geschick eines Menschen zu kennen. Die Jahre vor meiner Geburt sind natürlich ein Sammelsurium von Dingen, die mir von ihm, seinen Geschwistern oder meiner Mutter erzählt oder die von Verwandten, Freunden, Journalisten und Biografen berichtet wurden und die ich mit meiner eigenen Fantasie ausgeschmückt habe: Mein Vater als erst sechsjähriger Junge, der bei einem Fußballspiel im Tor steht und spürt, dass er sehr gut spielt, besser als andere. Ein, zwei Jahre später beobachtet er ohne schützendes Glas eine Sonnenfinsternis und verliert für immer die Sehkraft im Zentrum seines linken Auges. Von der Haustür seiner Großeltern aus sieht er zu, wie Männer die Leiche eines Mannes vorbeitragen. Die Ehefrau geht hinter ihnen her, an der einen Hand ein Kind, in der anderen den abgetrennten Kopf des Mannes. Er spuckt in sein Fruchtgelee oder isst Bananenchips aus seinem Schuh, damit ihm seine vielen Geschwister kein Essen stehlen. Als Jugendlicher fährt er den Rio Magdalena flussaufwärts ins Internat und fühlt sich entsetzlich einsam. In seiner Zeit in Paris besucht er eines Nachmittags eine Frau und will den Abschied hinauszögern, um zum Abendessen eingeladen zu werden, da er pleite ist und seit Tagen nichts mehr gegessen hat. Der Plan scheitert, und so wühlt er auf dem Weg hinaus in dem Müll der Frau und isst daraus. (Das erzählte er anderen in meinem Beisein, als ich fünfzehn war, und ich – als Heranwachsender – schämte mich entsetzlich dafür.) In Paris lebte auch ein melancholisches Mädchen aus Chile, Violeta Parra. Er begegnete ihr gelegentlich bei Treffen von lateinamerikanischen Expats. Sie schrieb und sang wunderschöne, herzzerreißende Lieder und nahm sich irgendwann das Leben. 1966 ging er eines Nachmittags in Mexico City hinauf in das Zimmer, in dem meine Mutter lesend im Bett lag, und verkündete, er habe gerade den Tod von Oberst Aureliano Buendía geschrieben.

»Ich habe den Oberst umgebracht«, sagte er verzweifelt.

Sie wusste, was das für ihn bedeutete, und die beiden sinnierten schweigend über diese traurige Nachricht.

In der langen Phase der großen und außergewöhnlichen literarischen Anerkennung, des Wohlstands und der offenen Türen gab es natürlich auch schmerzliche Tage. Der Tod von Álvaro Cepeda, der mit sechsundvierzig Jahren an Krebs starb, und die Ermordung des Journalisten Guillermo Cano mit einundsechzig Jahren durch Drogenkartelle. Der Tod zweier Brüder (die jüngsten von sechzehn Geschwistern), die Entfremdung, die Berühmtheit manchmal mit sich bringt, der Gedächtnisverlust und die Unfähigkeit zu schreiben, die damit einherging. Im hohen Alter las er seine Bücher erneut, und es schien, als lese er sie zum ersten Mal. »Wo kam das denn bloß alles her?«, fragte er mich bei einer Gelegenheit. Er las weiter bis zum Ende und erkannte sie schließlich am Einband als vertraute Bücher, aber er verstand sehr wenig von ihrem Inhalt. Wenn er ein Buch zuklappte, war er manchmal überrascht, ein Foto von sich auf der Rückseite zu sehen, und so schlug er es wieder auf und versuchte erneut, es zu lesen.

Als ich da am Fußende seines Bettes stehe, wünsche ich mir, sein Gehirn wäre trotz der Demenz (und vielleicht unterstützt durch das Morphium) immer noch der brodelnde Kessel der Kreativität, das es immer war. Vielleicht gebrochen, nicht fähig, zu Gedanken zurückzukehren oder Handlungen fortzuführen, aber immer noch aktiv. Er hatte immer eine überbordende Fantasie. *Hundert Jahre Einsamkeit* geht über sechs Generationen der Familie Buendía, aber er hatte genug Material für zwei weitere Generationen. Er beschloss, es nicht zu verwenden, aus Angst, der Roman könne zu lang und fade werden. Eiserne Disziplin hielt er für unabdingbar beim Schreiben eines Romans, besonders bei der Form und den Grenzen der Erzählung. Er widersprach, wenn jemand den Roman als freie und daher einfachere Form als das Drehbuch oder die Kurzgeschichte bezeichnete. Es sei zwingend, dass der Romanautor einen Plan entwerfe, um das in seinen Worten »tückische Gelände eines Romans« zu durchqueren.

Die Reise, die ihn von Aracataca 1927 bis zum heutigen Tag 2014 nach Mexico City führt, ist eine so lange und außergewöhnliche Reise, wie sie ein Mensch nur hinter sich bringen kann, und die Daten auf einem Grabstein können sie nicht einmal im Ansatz umfassen. Von da, wo ich stehe, scheint es eines der erfülltesten und privilegiertesten Leben zu sein, die je von einem Lateinamerikaner gelebt wurden. Er wäre der Erste, der mir zustimmt.

17

Mittwochnacht schlafe ich unruhig. Ich habe Angst, man weckt mich mit einem Klopfen an der Tür und teilt mir mit, dass er tot ist. Bei Sonnenaufgang stehe ich auf und gehe zu seinem Zimmer. Die Schwester informiert mich, dass er sich die ganze Nacht nicht gerührt habe. Er liegt noch genau in derselben Position, in der ich ihn zuletzt gesehen habe, und atmet fast unmerklich. Ob die Schwestern ihn wohl noch dehnen und ihn umlagern, um Wundliegen zu vermeiden, oder sind wir schon über dieses Stadium hinaus? Ich gehe unter die Dusche, ziehe mich an und kehre ins Zimmer zurück. Im Morgenlicht sieht er jetzt aus wie jemand anders, wie ein asketischer Zwillingsbruder mit hageren Gesichtszügen und durchscheinender Haut, den ich nicht so gut kenne. Diesem Mann stehe ich anders gegenüber. Distanziert. Vielleicht ist das der Sinn und Zweck des Übergangs, er hilft einem, sich loszulösen, so wie umgekehrt der Blick auf sein neugeborenes Kind sofort eine tiefe Verbundenheit auslöst.

In der Küche sitze ich allein mit der schweigenden

Köchin am Tisch, die seit Jahrzehnten immer wieder im Haus arbeitet und die mein Vater wegen ihres hitzigen Temperaments sehr mag. Irgendwann wirft sie mir einen Blick zu, sagt aber nichts. Bald geht sie hinaus, um nach ihrem Chef zu sehen, »Falls er etwas braucht«, sagt sie.

Nach dem Frühstück dringen *vallenatos* aus dem Zimmer meines Vaters. Das ist seine Lieblingsmusik, zu der er immer wieder zurückgekehrt ist, wenn er ihr mit Kammermusik oder Popballaden untreu wurde. Selbst als sein Gedächtnisverlust bereits schneller voranschritt, konnte er viele Gedichte aus dem *Siglo de oro* auswendig rezitieren, wenn man ihm die erste Zeile vorgab. Als ihm das nicht mehr gelang, konnte er immer noch bei seinen Lieblingsliedern mitsingen. Der *vallenato* ist eine Kunstform, die der Welt, in die er hineingeboren wurde, so sehr zu eigen ist, dass seine Augen selbst in seinen letzten Lebensmonaten, als er sich kaum noch an irgendetwas erinnerte, vor Aufregung leuchteten, wenn er die ersten Takte eines klassischen *vallenato*-Stücks auf dem Akkordeon hörte. Seine Sekretärin ließ oft und lange Kompilationen laufen, während er im Arbeitszimmer saß, zufrieden in einem Zeittunnel gefangen. Seit zwei Tagen spielen die Schwestern die *vallenatos* jetzt laut in seinem Zimmer, bei weit geöffneten Fenstern. Sie erfüllen das Haus. Manche davon stammen von seinem Freund und Gefährten Rafael Escalona. Hier und jetzt berühren sie mich tief. Sie führen mich so weit in das Leben meines Vaters hinein, wie nichts anderes es vermag. Ich reise durch die Vergangenheit und wieder zurück in die Gegenwart, wo sie wie ein letztes Schlaflied erklingen.

Mein Vater bewunderte und beneidete Liedtexter, weil sie mit sehr wenigen Worten sehr viel und dies sehr geschickt ausdrücken können. Während er *Liebe in Zeiten der Cholera* schrieb, hielt er sich an eine strikte Diät aus Latinpopsongs über verlorene oder unerwiderte Liebe. Mir sagte er, der Roman werde bei Weitem nicht so melodramatisch wie viele dieser Lieder, er könne aber viel von ihnen lernen in Hinsicht auf die Methoden, Gefühle hervorzurufen. Er war nie ein Snob in Sachen Kunstformen, und er hörte gerne die Werke so unterschiedlicher Künstler wie Béla Bartók und Richard Clayderman. Einmal ging er vorbei, als ich mir im Fernsehen ein Solokonzert von Elton John ansah, in dem er seine besten Stücke auf dem Klavier spielte. Der Name Elton John sagte meinem Vater nicht viel, aber als er die Musik hörte, blieb er abrupt stehen, setzte sich und sah sich fasziniert die ganze Sendung an. »*Carajo*, der Kerl ist ein unglaublicher *bolerista*«, kommentierte er. Ein *bolero*-Sänger. Es war typisch für ihn, alles auf seine eigene Kultur zu beziehen. Er ließ sich nie durch eurozentrische Bezüge einschüchtern, die es überall gab. Für ihn konnte große Kunst sowohl in einem Wohnblock in Kyoto als auch irgendwo auf dem Land in Mississippi entstehen, und er war fest davon überzeugt, dass jeder abgelegene, heruntergekommene Winkel Lateinamerikas oder der Karibik ohne Abstriche für die gesamte menschliche Erfahrungswelt stehen konnte.

Er verschlang alle möglichen Bücher, und ihm gefielen unterschiedliche Texte aller Art, etwa die Zeitschrift *Hola!*, Fallstudien eines Arztes, die Memoiren von Muhammad Ali oder ein Thriller von Frederick Forsyth, dessen politische Ansichten er missbilligte. Thornton Wilder gehörte zu seinen weniger hochgelobten literarischen Lieblingen, und *Die Iden des März* lag, wie es mir vorkam, mein halbes Leben auf seinem Nachttisch. Er besaß auch Lexika und Nachschlagewerke, die er ständig benutzte. Ich habe nie erlebt, dass er die Bedeutung eines Wortes im Spanischen nicht kannte, und er konnte sogar zutreffende Vermutungen über dessen Herkunft anstellen. Einmal fiel mir der Ausdruck für die kritische Interpretation eines Textes nicht mehr ein. Einen kurzen Moment lang ganz außer sich, ließ er alles liegen und stehen und versuchte, das Wort, das ihm auf der Zungenspitze lag, zu formulieren. Mit spürbarer Freude rief er plötzlich: »Exegese!« Das war kein unverständliches Wort, aber es war weit von seiner Welt entfernt. Aus seiner Sicht gehörte es in die Welt der Wissenschaft und des Intellekts, und die war ihm ein wenig suspekt.

18

Später an diesem Vormittag liegt ein toter Vogel im Inneren des Hauses. Die Terrasse war vor einigen Jahren in einen Wintergarten verwandelt worden, um einen Besuchs- und Essbereich mit Blick auf den Garten zu schaffen. Der Bereich ist voll verglast, daher wird vermutet, dass der Vogel hineinflog, die Orientierung verlor, gegen die Scheibe prallte und tot auf das Sofa fiel, genau auf die Stelle, wo mein Vater üblicherweise saß. Die Sekretärin meines Vaters erzählt mir, die Hausangestellten hätten sich in zwei Lager aufgeteilt: Die einen halten den Vorfall für ein schlechtes Omen und wollen den Vogel in den Müll werfen, die anderen finden, das sei ein gutes Omen, und wollen ihn zwischen den Blumen begraben. Die Müllfraktion hat zunächst die Oberhand gewonnen; der Vogel befindet sich bereits in einem Abfalleimer vor der Küche. Nach weiteren Diskussionen wird er in einer Ecke im Garten abgelegt, vorübergehend noch über der Erde, bis man über sein endgültiges Schicksal entschieden hat. Letztlich begräbt man ihn dann in der Nähe des

Papageis, in einem Bereich, in dem bereits ein Welpe liegt. Vor meinem Vater wurde immer verheimlicht, dass es einen Tierfriedhof gibt, das hätte ihn nur verstört.

19

Mittags sind wir alle versammelt, meine Mutter, mein Bruder und seine Familie, die am Abend zuvor aus Frankreich gekommen ist. Vor Tagesanbruch ist auch unsere Cousine mütterlicherseits aus Bogotá eingetroffen. Sie hat als Kind immer wieder für längere Zeit bei uns gewohnt und steht meinen Eltern so nahe wie eine Tochter. Die Stimmung ist überraschend gelöst, wahrscheinlich, weil niemand um Lebende trauern möchte und weil es trotz allem ein Familientreffen ist, insbesondere von jungen Leuten.

Durch die Glastür sehe ich die Sekretärin meines Vaters aus seinem Büro auf der Rückseite des Gartens mit raschen Schritten auf uns zukommen. Ich versuche, ihren Blick auf mich zu ziehen, und sie ruft mir zu, dass die Schwester mich sprechen will. Sie will niemanden beunruhigen, aber es ist klar, dass etwas passiert ist. So ruhig wie möglich gehe ich hinaus, aber im Raum wird es still.

Als ich mich dem Gästezimmer nähere, kommt die Tagesschwester zu mir heraus. »Sein Herz hat versagt«,

sagt sie nervös. Ich betrete das Zimmer. Erst denke ich, dass mein Vater nicht anders aussieht als knapp zehn Minuten zuvor, aber nach nur wenigen Sekunden wird mir klar, wie sehr ich mich täusche. Er wirkt völlig zerstört, als hätte ihn etwas erwischt – ein Zug, ein Lastwagen, ein Blitz –, etwas, das keine Verletzungen verursacht, sondern ihn lediglich sofort aus dem Leben gerissen hat. Verhalten fluchend gehe ich um das Bett herum zu ihm. Die Schwester hört abwechselnd mit einem Stethoskop nach einem Puls und wählt die Nummer des Arztes. Ich merke ihr an, dass sie kurz fürchtet, mein Zorn könne sich gegen sie richten, weil sie mich nicht, wie von mir gewünscht, vorgewarnt hat, aber da ich sie nicht direkt anspreche, beschäftigt sie sich nicht mehr damit.

Schließlich erreicht sie den Kardiologen meines Vaters. Sie teilt ihm mit, dass sein Herz seit fast drei Minuten stillsteht. Der Arzt möchte mit mir sprechen. Er kondoliert mir und bietet an, zu uns zu kommen, aber ich weiß, dass er an diesem Tag weit weg ist, er hat einen freien Tag, und antworte, das sei nicht nötig. Wir hatten bereits besprochen, wenn es so weit sei, würde er den Oberarzt im Krankenhaus informieren, der dann zu uns nach Hause käme, um die Formalitäten zu erledigen. Ich rufe unten an. Meine Mutter hebt ab, ich sage: »Sein Herz ist stehen geblieben.« Ich bringe den Satz kaum zu Ende, weil mir die Stimme versagt, aber ich glaube, sie hat schon aufgelegt, bevor sie das wahrnehmen kann. Ich kehre zu meinem Vater zurück. Sein Kopf liegt auf der Seite, der Mund ist leicht geöffnet, und er sieht unfassbar fragil aus. Ihn so zu sehen, in dieser allzu menschlichen Situation, ist gleichzeitig erschreckend und tröstlich.

Meine Mutter kommt die Treppe herauf und auf das Gästezimmer zu, gefolgt von meinem Bruder und seiner Familie. Normalerweise ist sie die Langsamste, aber alle lassen ihr den Vortritt. Während der letzten Wochen hat sie meinem Bruder und mir eine Menge Entscheidungen anheimgestellt. Als sie den Raum betritt und meinen Vater sieht, wird mir bewusst, dass ihr die Jahrzehnte, die sie gemeinsam verbracht haben, absolute Autorität über diesen Augenblick verleihen. Einst waren sie, schier unvorstellbar, Fremde. Sie lernten sich als Nachbarn kennen. Als er vierzehn war und sie zehn, machte er ihr im Scherz einen Heiratsantrag, worauf sie weinend nach Hause lief. Am Tag ihrer Hochzeit, siebenundfünfzig Jahre und achtundzwanzig Tage vor diesem Moment jetzt, aber um die gleiche Tageszeit, wollte sie ihr Kleid nicht anziehen, bevor sie sicher wusste, dass er vor der Kirche stand, um auf gar keinen Fall allein in einem Hochzeitskleid vor dem Altar zu stehen.

Als meine Mutter durch die Tür tritt, übernimmt sie als Erstes intuitiv das Kommando. Die Schwester und die Pflegerin betten den Kopf meines Vaters hoch und versuchen, ihm den Mund zu schließen, indem sie seinen Unterkiefer mit einem Handtuch um den Kopf festbinden. »Fester«, ruft meine Mutter und geht auf das Bett zu. »So ist es richtig.« Distanziert betrachtet sie meinen Vater von Kopf bis Fuß, als wäre er ihr Patient. Sie zieht ihm die Decke über die Brust, streicht sie glatt, legt die Hand auf seine. Sie betrachtet sein Gesicht und streichelt ihm die Stirn, und einen Augenblick lang wirkt sie unergründlich. Dann überkommt sie eine kurze Erschütterung, und sie bricht in Tränen aus. »Pobrecito, ¿verdad?« (Der Arme!) Noch über ihren eigenen Schmerz und die Traurigkeit stellt sie ein tiefes Mitleid für ihn. In meinem ganzen Leben habe ich sie nur drei Mal weinen sehen. Diesmal dauert es lediglich wenige Sekunden, aber es hat die Kraft einer Maschinengewehrsalve.

Die nächsten Momente verschwimmen. Meine Mutter zieht sich zurück und setzt sich draußen in den Gang. Zum ersten Mal seit Monaten zündet sie sich eine richtige Zigarette anstatt einer E-Zigarette an. Ich bitte die Schwester, meinem Vater das Gebiss wieder einzusetzen, bevor sein Kiefer starr wird, und es ist wohltuend, wie viel besser er damit aussieht. Mein Bruder und seine Familie stehen verstört um das Bett. Sein ältester Sohn und seine Tochter hatten als Kinder ein enges Verhältnis zu meinem Vater, bevor sein Gedächtnis nachließ. Sie sind untröstlich. Die Nachricht verbreitet sich rasch, und in einer Reihenfolge, an die ich mich nicht erinnere, kommen sämtliche Angestellten im Haus nacheinander zur Tür oder an sein Bett und werfen fassungslos einen Blick auf ihn. Alle zeigen ihren Schmerz oder ihre Trauer, ohne jegliche Hemmung oder Verlegenheit. Die Umgebung verblasst, und jede dieser Personen hat ihre eigene, besondere Begegnung, nicht nur mit dem Verstorbenen, sondern mit dem Ereignis an sich, als wäre der Tod ein gemeinschaftliches Gut. Man kann niemandem die Beziehung dazu, die Mitgliedschaft in diesem Verein verwehren. Und es ist ernüchternd, den Tod als etwas Existentes zu betrachten, nicht als das Fehlen von etwas. Selbst für die im Raum anwesenden Schwestern scheint das zuzutreffen. Sie verrichten ihre vertrauten Tätigkeiten, aber mir kommt es vor, als seien sie jetzt mit ihren Gedanken beschäftigt, könnten nicht umhin zu räsonieren. Es ist kein Ereignis, woran man sich jemals gewöhnen darf.

20

Die Tagesschwester und die Pflegerin waschen den Körper meines Vaters und bereiten ihn für die Fahrt in die Leichenhalle vor. Die Schwester fragt meine Mutter, ob sie bestimmte Kleidungsstücke für meinen Vater vorgesehen hat. Sie verneint, daher schlägt die Schwester ein schlichtes Leichentuch vor. Meine Mutter präsentiert ein feines besticktes weißes Bettlaken und überreicht es ihr ohne große Umstände.

Während mein Vater zurechtgemacht wird, füllt ein Arzt die notwendigen Formulare für den Totenschein aus. Uns wird klar, dass wir die Presse noch nicht benachrichtigen können. Ein enger Freund befindet sich in diesem Moment noch in der Luft, er kommt aus Kolumbien hergeflogen, um sich von meinem Vater zu verabschieden, genau wie eine Freundin aus Mexiko, die von ihrem Familienurlaub zurückkehrt. Aber vor allem denke ich an meine Töchter im Teenageralter, die gerade mit meiner Frau im Flieger aus Los Angeles sitzen. Wenn sie nach der Landung ihre Handys einschalten, sollen sie nicht in den Nachrichten lesen, dass ihr

Großvater bereits tot ist. Also beschließen wir, uns bedeckt zu halten und niemanden anzurufen, bis alle gelandet sind und sich bei uns gemeldet haben. Mein Vater hätte darüber gelacht. »Vestidos y alborotados.« (Wie bestellt und nicht abgeholt.)

Als ich wieder einen Blick in das Zimmer werfe, ist der Körper meines Vaters von den Füßen bis zum Hals eingewickelt. Das Kopfende des Bettes wurde abgesenkt, sodass er ganz flach daliegt, bis auf ein ganz dünnes Kissen, das den Kopf ein klein wenig stützt. Sein Gesicht wurde gewaschen, das Handtuch, das um den Kopf gebunden war, entfernt. Der Kiefer ist jetzt starr, das Gebiss sitzt. Er sieht bleich und ernst aus, aber er scheint seinen Frieden gefunden zu haben. Die dünnen grauen Locken, die flach an seinem Kopf anliegen, erinnern mich an eine Patrizierbüste. Meine Nichte legt ihm gelbe Rosen auf den Bauch. Das waren seine Lieblingsblumen, er war überzeugt, sie brächten ihm Glück.

Die nächsten Stunden sitzen wir mit meiner Mutter zusammen, die wie so oft die Nachrichten einschaltet, um sich abzulenken. Im Fernsehen läuft eine Sendung über das Leben von Octavio Paz, dem Dichter und Diplomaten, der vor ein paar Jahren gestorben ist und mit dem meine Eltern locker befreundet waren. Meine Mutter sieht ein paar Minuten zu, aber ihre Miene verrät, dass sie an die Reportagen denkt, die vermutlich in den kommenden Tagen und Wochen gesendet werden.

Plötzlich sagt sie, zu niemandem im Besonderen, mein Vater sei wahrscheinlich bereits bei Álvaro, dem Freund, der im vergangenen Jahr gestorben ist, »*tomando whisky y hablando paja*« (Whisky trinken und quatschen).

Das Festnetztelefon klingelt. Sie geht selbst an den Apparat, was sie nur selten tut. Es ist ein Freund, den sie nicht sehr häufig sehen. Er erkundigt sich nach dem Gesundheitszustand meines Vaters und bietet jede Hilfe an, die benötigt werden könnte. Meine Mutter hört ihm geduldig zu und dankt ihm flüchtig, teilt ihm aber bei der ersten Gelegenheit mit, dass mein Vater bereits gestorben sei. Man muss seine Reaktion am anderen Ende der Leitung gar nicht hören, um sich vorzustellen, was diese Nachricht für ein Schock ist, besonders in dem sachlichen Tonfall, in dem sie überbracht wird. Meine Mutter berichtet ihm, dass alles erst in der letzten Stunde passiert ist, als würde sie von einer Lebensmittellieferung reden. Meine Nichte und die Neffen, die sie gut kennen, sind bestürzt, müssen sich aber gleichzeitig zusammenreißen, um nicht in Lachen auszubrechen. Als ich ihnen einen vielsagenden Blick zuwerfe, können sie sich nicht mehr halten und verlassen eilig das Zimmer.

21

Der Freund aus Kolumbien ist schon gelandet, aber das erfahre ich erst, als es klingelt und man mir mitteilt, dass er unten wartet. Ich gehe hinunter, marschiere entschlossen in die Küche und stoße fast mit ihm zusammen. Ohne ihn überhaupt erst richtig zu begrüßen, platze ich sofort damit heraus, dass mein Vater gestorben sei. Er ist einer der ältesten Gefährten meines Vaters, und ich habe ihn damit völlig überrumpelt. Er ist überwältigt und sprachlos, und seine Augen werden feucht, als würde er im Geiste eine lebenslange Freundschaft innerhalb von Sekunden Revue passieren lassen. Ich denke bei mir, dass ich wohl sehr müde und angespannt sein muss, weil ich ihm das so ungeschickt beigebracht habe, und nehme mir vor, in Zukunft mehr Feingefühl an den Tag zu legen.

Die Freundin, die aus dem Urlaub zurückgekehrt ist, meldet sich ebenfalls, und schließlich landet auch meine Frau und ruft mich noch aus dem Flugzeug an. Ich sage es ihr, und ihre Traurigkeit rührt mich so sehr, dass ich nicht mit meinen Töchtern sprechen kann. Ich möchte warten, bis sie vor mir stehen.

Ich melde mich bei ein paar Freunden und Verwandten, und bei jedem Anruf fällt es mir schwerer. Sie gehören zu einem Kreis, der auf dem Laufenden gehalten wurde, deshalb ist niemand überrascht, aber am Telefon wird nichts oder kaum etwas gesagt. Es gleicht eher einem Vakuum als einem Schweigen. Die meisten haben die Aufgabe, andere Leute anzurufen, und sie machen sich ohne weiteren Kommentar daran. Die Agentin, die meinen Vater beinahe fünfzig Jahre lang betreut hat, sagt nur »*Qué barbaridad*«, und sie sagt es, als wären Ereignisse auf der Welt, die immer als unmöglich galten, nun doch Wirklichkeit geworden. Im Geiste sehe ich ihr Gesicht vor mir, die Augen geschlossen, in Gedanken versunken, um tief in sich einzudringen, wo das Unfassbare nach und nach real werden könnte. »*Qué barbaridad*«, wiederholt sie. »Wie furchtbar«, dann legen wir auf. Bei vielen lebenslangen Freunden meines Vaters nehme ich eine ähnliche Reaktion wahr. Jenseits der Trauer können sie es einfach nicht glauben, dass ein so überschwänglicher, herzlicher Mann, der berauscht war vom Leben und der Mühsal der Lebenden, nicht mehr ist.

Ich setze mich hin, um die Redaktionen anzurufen, auf die wir uns geeinigt hatten. Doch es ist Gründonnerstag, spät am Tag dazu, und es stellt sich heraus, dass es in katholischen Ländern unmöglich ist, diese Redaktionen zu erreichen. Der Nachrichtenzyklus läuft beinahe so langsam wie am Heiligen Abend, und niemand ist vor Montag wieder am Platz. Da haben wir uns fast zwei Stunden lang total verrückt gemacht, weil wir mit einer Nachricht, die alle von uns erwarten, hinterm Berg halten mussten, und plötzlich ist niemand da, der sie hören kann. Schließlich bitten wir die eben aus dem Urlaub zurückgekehrte Freundin, die eine bekannte Radiomoderatorin mit einer großen Hörerschaft ist, es in den sozialen Medien zu verkünden. Binnen Minuten klingeln die Festnetzanschlüsse und Handys, und die Zahl der Reporter, der wohlmeinenden Zaungäste und der Polizisten vor der Haustür vervielfacht sich.

TEIL DREI

Amanecio muerta el jueves santo. La enterraron en una
cajita que era apenas más grande que la canastilla en que
fue llevado Aureliano, y muy poca gente asistió al entierro,
en parte porque no eran muchos quienes se acordaban de
ella, y en parte porque ese mediodía hubo tanto calor que
los pájaros desorientados se estrellaban como perdigones
contra las paredes y rompían las mallas metálicas de las
ventanas para morirse en los dormitorios.

– Cien años de soledad

Am Gründonnerstag lag Úrsula morgens tot im
Bett. Als man ihr das letzte Mal beim Berechnen
ihres Alters geholfen hatte, noch zu Zeiten der
Bananengesellschaft, war sie auf hundertfünfzehn bis
hundertzweiundzwanzig Jahre gekommen. Sie wurde in
einem Kistlein begraben, das kaum größer war als das
Körbchen, in dem man Aureliano gebracht hatte, und
es kamen nur wenige Leute zur Beerdigung, teils, weil
sich nicht mehr viele an Úrsula erinnern, teils, weil die
Hitze an diesem Mittag so groß war, dass die verstörten
Vögel wie Querschläger gegen die Mauern prallten und
die Fliegengitter der Fenster durchbrachen, um in den
Schlafzimmern zu sterben.

– Hundert Jahre Einsamkeit

22

Kurz nachdem die Nachricht vom Tod meines Vaters öffentlich gemacht wurde, bekommt seine Sekretärin eine Mail von einer Freundin, zu der sie schon lange keinen Kontakt mehr hatte. Die Freundin fragt sie, ob uns präsent sei, dass Úrsula Iguarán, eine seiner berühmtesten Figuren, ebenfalls an einem Gründonnerstag starb. In ihrer Mail zitiert sie die Passage aus dem Roman, und als die Sekretärin meines Vaters nochmals nachliest, entdeckt sie, dass nach Úrsulas Tod verstörte Vögel gegen Mauern prallen und tot herunterfallen. Sie liest die Stelle laut vor und denkt natürlich an den toten Vogel von vorhin. Sie sieht mich an, hofft vielleicht, ich wäre so tollkühn, mich zu diesem Zufall zu äußern. Ich weiß nur, dass ich es kaum erwarten kann, das weiterzuerzählen.

23

Meine Familie ist da. Nachdem mich meine Töchter mit wohltuender Wärme begrüßt haben, wenden sie sich hauptsächlich ihrer Großmutter zu. Alle fünf Enkelkinder haben sich immer sehr um sie gekümmert. Sie wirkt gelassen, gesprächig, erkundigt sich wie üblich nach ihrem Leben. Die Enkel tragen alles mit Fassung, an unerwartete Reaktionen von ihr sind sie gewöhnt. Sie betrachten ihre Großmutter als ein Original – exzentrisch und bodenständig, förmlich und provokant, immer die Grenzen der politischen Korrektheit auslotend. Sie bewundern sie, aber sie bringt sie auch zum Lachen, und dafür lieben sie sie umso mehr.

Der Freund, der aus Kolumbien eingeflogen ist, bittet meine Mutter um Erlaubnis, meinen Vater sehen zu dürfen, und sie ist einverstanden. Ich biete das auch meinen Töchtern an. Eine der beiden möchte nicht. Die andere nimmt das Angebot an und betrachtet ihren Großvater mit einigem Abstand. Sie sagt wenig, aber in ihrer Miene liegen Neugier im Wettstreit mit Trauer.

Mittlerweile bringt auch das Fernsehen die Meldung, und die Lebensgeschichte meines Vaters läuft auf diversen Kanälen, in Lang- oder Kurzform, entweder schon älter oder hastig zusammengestellt. Meine Mutter schaltet hin und her, konzentriert, sagt aber nichts dazu. Wir versammeln uns um sie, um das Leben und die Leistungen eines Mannes Revue passieren zu lassen, der entschlafen im Zimmer nebenan liegt.

24

Zwei Männer vom Bestattungsunternehmen sind vor dem Haus angekommen. Der kleine Transporter wird rückwärts in die Garage gefahren und die Tür dahinter geschlossen. Die Hausangestellten eilen herbei, um sich endgültig zu verabschieden. Die Köchin streichelt meinem Vater das Gesicht und flüstert ihm ins Ohr: »*Buen viaje, Don Gabriel.*« Gute Reise. Sie ist nicht groß und muss sich recken, seine Stirn zu erreichen. Schließlich küsst sie ihn auf die Nase, dann auf den Handrücken. Mein Bruder flüstert meinem Vater etwas ins Ohr, das ich nicht hören kann. Der Augenblick ist so intensiv und intim, es ist kaum auszuhalten. Ich weiche zurück und gehe aus dem Zimmer. Die anderen stehen in oder vor dem Raum und sehen ihn an. Meine Mutter tritt nicht noch einmal näher heran.

Die beiden Männer heben meinen Vater mit überraschender Leichtigkeit in einen Leichensack, mitsamt Blumen und allem, dann schnallen sie den Sack fest auf eine Bahre. Es ist ein spektakulärer Anblick, wie die Bahre aus dem Zimmer, durch einen anderen

Raum und dann die Treppe hinuntergetragen wird. Ich habe mir in den letzten Tagen alles Mögliche ausgemalt, nur das nicht. Die Männer bewegen sich gekonnt, aber nichts an ihrem Auftreten verrät eine übermäßige Routine, geschweige denn Langeweile bei einer Aufgabe, die sie zahllose Male durchgeführt haben, mit Menschen jeden Alters und aus allen Verhältnissen. Sie erfüllen diese Aufgabe mit Würde. Selbst Fremde tun dies immer und überall für Menschen, die gestorben sind: Sie kümmern sich voller Ernsthaftigkeit um deren Körper. Als mein Vater langsam die Treppe hinuntergetragen wird, muss die Bahre gekippt werden, bis sie beinahe senkrecht aufgerichtet ist, um die Biegung am Treppenabsatz zu bewältigen. Kurz stelle ich ihn mir aufrecht vor, als würde er strammstehen, unsichtbar und blind in der Dunkelheit. Wir stehen alle oben oder am Fuß der Treppe und sehen schweigend zu. Nur meine Mutter sitzt und betrachtet alles mit unergründlicher Miene. Anders als vorhin im Moment des Todes oder bei der Einäscherung später am Abend sind die Gefühle in diesem Moment klar und eindeutig. Sie gehen bis ins Mark: Er verlässt sein Zuhause und kommt nie mehr zurück.

Als die Bahre in den Leichenwagen geschoben wird, gehe ich mit meinem Bruder und unseren Kindern zu einem Zimmer mit Blick auf die Straße. Ungefähr zweihundert Menschen stehen vor dem Haus, Fans (mein Vater hätte sie lieber Leser genannt), Presse, Polizei.

Nachbarn sehen von ihren Fenstern und Dächern aus zu. Die Garagentür wird geöffnet, und der Wagen fährt langsam und vorsichtig durch die Menge, während Polizisten bellend Befehle erteilen, die zum Großteil ignoriert werden. Meine Töchter beobachten alles mit Staunen. Der Ruhm ihres Großvaters ist für sie manchmal etwas Konkretes, zuweilen aber auch abstrakt und weit von ihrer Welt in Kalifornien entfernt. Als sie klein waren, klatschte das ganze Lokal einmal spontan Beifall, als sie mit ihm ein Restaurant in Mexico City betraten. Ihre Erzählung davon war entzückend. Wenn meine Eltern in Los Angeles waren, lud ich sie häufig zum Lunch in sehr angesagte Restaurants ein, wo sie anonym inmitten der Lokalprominenz aßen. Meistens waren es nur die Latinoparkwächter, die meinen Vater erkannten, und sie schickten gelegentlich jemanden los, um Bücher zu kaufen, damit mein Vater sie nach dem Essen signieren konnte. Das bereitete ihm stets größtes Vergnügen.

25

Als wir am frühen Abend am Bestattungsinstitut ankommen, sind bereits Hunderte von Menschen davor versammelt, sie drängen sich bis zur Straße. Da der Leichnam meines Vaters hierhergebracht wurde, rechnet man damit, dass eine öffentliche Trauerfeier stattfindet oder zumindest eine für Familie und Freunde. Der Verkehr muss umgeleitet werden, und die Polizei bahnt unserem Auto einen Weg in die Parkgarage. Später höre ich von einigen Freunden, dass sie ebenfalls dort gewartet haben.

Der Bestattungsunternehmer und der Geschäftsführer empfangen uns mit der höflichen, nüchternen Förmlichkeit, die diesem Beruf eigen, aber auch durch und durch mexikanisch ist. Ich warte in einem improvisierten Sitzbereich in der Tiefgarage neben einer Tür, die zum Krematorium führt. Bei mir sind meine Frau, zwei Freunde der Familie und eine Pflegerin meines Vaters, die ihm sehr zugetan war (einige ihrer Kolleginnen mutmaßten, sie sei verliebt in ihn). Wir haben mehrere Stunden mit Gesprächen, den Fernsehnachrichten, zahllosen Anrufen und E-Mails sowie vielen Unterhaltungen mit Freunden, die mittlerweile bei uns zu Hause eingetroffen sind, zugebracht, und nun kommt es mir vor, als wären seit dem Tod meines Vaters schon Tage vergangen. Ich fühle mich wie betäubt. Mein Denken schlägt versuchsweise mehrere Richtungen ein – Trauer, Erinnerungen, Logik –, doch ich lande immer wieder in einer Sackgasse. Ich schaffe es lediglich, einen halbherzigen schlagkräftigen Humor aufzubringen.

Es heißt, es dauert noch eine Weile, bis mein Vater bereit für die Einäscherung ist. Die Anweisungen meiner Mutter sind klar: Es soll heute Abend noch geschehen, so bald wie möglich. Also warten wir.

Ich nehme einen Anruf von einem Schauspielerfreund aus Los Angeles an. Mit ihm zu sprechen, stellt eine willkommene Pause dar, aber mein Leben in Kalifornien kommt mir unglaublich weit entfernt vor. Allein der Sprachwechsel, der mir unter normalen Umständen mühelos gelingt, strengt mich jetzt an, als müsste ich eine schlecht geschriebene Rolle spielen oder einen Grenzbeamten an der Nase herumführen.

Urplötzlich kommt mir mein Doppelleben psychotisch vor. Es heißt, es gebe trotz der mexikanischen Präsenz in den USA keine Nachbarländer, die so unterschiedlich wären. Es betrifft nicht nur Sprache und Kultur, es geht um die jeweilige Geisteshaltung und Weltsicht, mit beneidenswerten Phänomenen auf beiden Seiten, doch so verschieden wie zwei Seiten einer

Medaille. Ich bin so bikulturell, wie ich es mir nur vorstellen kann, aber an diesem Tag, der sich allein um das Universum meines Vaters dreht, fühlt sich diese Polarität erzwungen an.

Erst mit über vierzig wurde mir klar, dass meine Entscheidung, in Los Angeles zu leben, zu arbeiten und Englisch zu sprechen, eine absichtliche, wenn auch unbewusste Wahl war, um jenseits des Einflussbereichs des Erfolgs meines Vaters meinen eigenen Weg zu gehen. Ich brauchte zwanzig Jahre, um zu erkennen, was für die Menschen um mich herum offensichtlich war: dass ich mich dafür entschieden hatte, in einem Land zu arbeiten, in dem eine Sprache gesprochen wurde, die mein Vater kaum beherrschte (er sprach fließend Französisch und Italienisch, auf Englisch konnte er lediglich die Nachrichten verstehen), in dem er wenig Zeit verbrachte, wenige enge Freunde hatte und für das er jahrelang kein Einreisevisum besaß. Ich entschied mich dafür, Filmdrehbücher zu schreiben und Regie zu führen. Das war sein Lebenstraum gewesen, bevor er nach vergeblichen Versuchen, seine ungewöhnlichen Geschichten zu verkaufen, aus ihnen einige der bekanntesten Romane des 20. Jahrhunderts machte. Ich fing zaghaft an, als Kameramann, nicht gänzlich erfolglos, aber diese Karriere scheiterte letztlich, weil andere Ambitionen überwogen. Als ich mit der *Preproduction* für meinen ersten Film anfangen wollte, fragte mein Vater, ob er das Drehbuch lesen dürfe. Ich merkte, dass er besorgt um mich war; er fürchtete stets, dass alles, was mein Bruder und ich anpackten, an seinen Leistungen gemessen würde. Zu unser beider Glück gefiel ihm das Drehbuch. Er liebte meine fertigen Filme und zeigte sie ungeniert seinen Freunden und allen anderen, die er in eine Vorführung schleppen konnte.

In fortgeschrittenem Alter schlug mein Vater mir vor, gemeinsam ein Drehbuch zu verfassen. Er hatte schon immer einen Film über eine beruflich erfolgreiche Frau mittleren Alters schreiben wollen, die ihren Mann im Verdacht hat, eine Affäre zu haben; bald stellt sie fest, dass er wirklich eine Geliebte hat, aber es handelt sich um eine Frau, die ihr selbst sehr ähnelt, ähnliche Gewohnheiten und einen ähnlichen Geschmack hat und in einer vergleichbaren Wohnung lebt. Er war sogar der Meinung, beide Rollen sollten von derselben Schauspielerin gespielt werden. Aber als wir uns zusammensetzten, um das Drehbuch zu entwickeln, kam es wegen seines nachlassenden Gedächtnisses zu frustrierenden Gesprächen. Das war schmerzhaft für mich, und so verschob ich die Treffen entweder oder kürzte sie ab, in der Hoffnung, er würde alles vergessen. Es dauerte eine Weile, bis dieser Punkt erreicht war, und er mochte manchmal geglaubt haben, dass ich einfach kein Interesse an einer Zusammenarbeit hätte. Diese Geschichte stimmt mich heute noch traurig.

26

Schließlich werden wir nach drinnen gebeten. Auf der rechten Seite befindet sich das Krematorium, links ist ein Vorbereitungsraum, wo ich, wie man mir mitteilt, ein paar Momente bei meinem Vater verbringen kann. Dort empfängt uns eine attraktive junge Frau in OP-Kleidung. Sie schüttelt mir die Hand, spricht mir ihr Beileid aus und fügt hinzu, es sei zwar nicht ausdrücklich gewünscht worden, aber sie habe meinen Vater ein wenig zurechtgemacht und hoffe, das sei in Ordnung. Sie hat dezent Make-up aufgetragen, ihm die Haare gekämmt und den Schnurrbart sowie die ungebärdigen Augenbrauen gestutzt, über die meine Mutter im Lauf der Jahre unzählige Male mit dem Daumen gestrichen hat. Den Brauch, die Toten herzurichten, damit sie noch einmal betrachtet werden können, fand mein Vater verstörend, wie alles andere auch, was mit Bestattungspraktiken zu tun hatte. (Er ging nie auf Beerdigungen. »Ich mag meine Freunde nicht begraben«, sagte er stets.) Jetzt sieht er zehn Jahre jünger aus und beinahe, als würde er lediglich schlafen, und es überrascht mich, wie froh ich über dieses letzte Bild von ihm bin, selbst wenn kosmetisch nachgeholfen wurde. Das Bettlaken ist noch fester um ihn gewickelt als zuvor; mit seiner Klaustrophobie hätte er das lebendig niemals ertragen. Zum ersten Mal begreife ich, dass er wirklich jenseits aller Dinge ist. (Einmal rezitierte er fünfundvierzig Minuten lang mit geschlossenen Augen Gedichte im Kopf, um die Enge während eines langen PET-CT-Scans zu überstehen.)

Ein Vorhang wird zugezogen. Ich wende den Kopf, und mir wird bewusst, dass ich nun allein bin. Ich sehe mich um. Abgesehen von der Bahre, auf der mein Vater liegt, und einem leeren Tisch gibt es keine Möbel oder Geräte in dem Raum, der makellos sauber ist und keinen Geruch aufweist, der mir ungewöhnlich vorkommt. Ich weiß nicht recht, ob ich mich beeilen soll oder nicht. Beide Optionen haben etwas für sich. Ich berühre ihn an der Wange. Sie ist kalt, aber es ist kein unangenehmes Gefühl. In diesem ruhigen, ruhenden Zustand verraten seine Gesichtszüge kein Anzeichen von Demenz. Ich kann in seinem Gesicht wieder seine Klarheit lesen, seine unendliche Neugier und die wunderbare Kraft der Konzentration, um die ich ihn vor allen seinen anderen Eigenschaften beneide. Meistens arbeitete er von neun Uhr morgens bis halb drei Uhr nachmittags in einer Trance, anders kann ich es nicht beschreiben. Als mein Bruder und ich klein waren, schickte uns meine Mutter manchmal mit einer

Botschaft in sein Arbeitszimmer. Er hörte auf zu schreiben und wandte sich uns zu, wenn wir sie überbrachten. Er blickte durch uns hindurch, seine südländischen Augenlider auf Halbmast, eine brennende Zigarette in der einen Hand, eine andere angezündet im Aschenbecher, und antwortete nicht. Als ich älter wurde, fügte ich manchmal hinzu »Du hast keine Ahnung, was ich gerade gesagt habe, oder?« und bekam immer noch keine Antwort. Selbst nachdem wir weggegangen waren, verharrte er noch in dieser Position, zur Tür gewandt, verloren in einem narrativen Labyrinth. Schließlich begriff ich, dass es wenig gibt, was man mit diesem Maß an Konzentration nicht erreichen kann. Mein Bruder, der intensiv und zielstrebig an seiner Kunst und seinen Designentwürfen arbeitet, hat etwas davon geerbt.

Gleichwohl saß unser Vater pünktlich um halb drei mit uns beim Mittagessen und war auch da ganz bei der Sache. Oft verkündete er zu Beginn des Mahls, dass er im Begriff sei, den besten Roman seit den großen russischen Romanen des 19. Jahrhunderts zu schreiben, dann kam er auf alle möglichen Themen zu sprechen und erkundigte sich, wie es uns gehe. Nach seinem Nachmittagsschläfchen ließ die Begeisterung nach. Zur Abendessenszeit merkte er an, dass am nächsten Tag eine schwere Aufgabe vor ihm liege. Er müsse einige ernsthafte Hürden nehmen, entscheidend für den kreativen Erfolg des Buchs. Am nächsten Morgen beim

Frühstück sprach er offen über seine Bedenken, die auf ein neues Level gehoben worden waren: »Wenn es heute nicht gut läuft, könnte der ganze Roman scheitern. Dann lasse ich ihn fallen.« Später beim Mittagessen ging es dann von Neuem los.

Plötzlich dämmert mir, dass er nicht atmet, und ich finde das faszinierend. Dann bekomme ich Angst, dass er womöglich doch atmen könnte und dass ein Toter, der atmet, eine Ungeheuerlichkeit wäre. Ich betrachte ihn ein paar lange Sekunden genau, bis ich merke, dass ich selbst den Atem anhalte. Ich atme rasch aus und komme mir lächerlich vor. Sein Schnurrbart ist genauso ein Teil von ihm wie die Nase, die Augen und der Mund. Es ist sein erster und einziger Bart, den er sich mit siebzehn Jahren wachsen ließ und nie abrasierte. Mit Anfang siebzig verlor er ihn während der Chemotherapie, aber der Bart wuchs wieder nach, wie der Schwanz einer Eidechse. Ich versuche, im Geiste Brücken zu bauen zwischen meinem lebenden Vater und meinem toten Vater, zwischen meinem berühmten Vater und diesem Vater hier vor mir, aber es gelingt mir nicht. Es drängt mich, etwas zu sagen, und ich denke mir etwas aus: »Gut gemacht.« Aber ich sage es nicht laut, aus Angst, pathetisch oder sentimental zu klingen. Ich will ihn fotografieren und tue es auch, mit dem Handy. Doch ich bekomme sofort ein unglaublich schlechtes Gewissen und schäme mich, weil ich seine Privatsphäre so gewaltsam verletzt habe. Ich lösche das

Bild und mache stattdessen eine Aufnahme von den Rosen, die auf ihm liegen. Er hätte sich sehr darüber ge-
freut, dass die hübsche junge Frau ihn zurechtmacht. Er
hätte mit ihr geflirtet.

27

*I*ch ziehe den Vorhang zurück und gebe Bescheid, dass wir fortfahren können. Ein Bediensteter schiebt die Bahre von einem Raum in den nächsten, es sind keine zwanzig Schritte. Kurz fühle ich mich an den geringen Abstand erinnert, den Häftlinge zurücklegen, die in einer Todeszelle sitzen und, wenn es so weit ist, begreifen, dass die Hinrichtungskammer die ganze Zeit da war, hinter der Wand. Der Raum ist größer als der vorige und ebenso makellos sauber. Die Pflegerin meines Vaters und die beiden Freunde sind da, aber meine Frau ist wieder nach draußen in den Sitzbereich gegangen. Ich eile hinaus und winke sie ungeduldig zurück – weil ich Unterstützung brauche oder weil ich mich weigere, ihre Zurückhaltung zu akzeptieren, keine Ahnung. Weiß der Kuckuck. Ich will, dass sie hier bei mir ist, basta, und es ist verdammt männlich von mir, nicht auf die Idee zu kommen, dass sie die Einäscherung ihres Schwiegervaters womöglich nicht mit ansehen will.

Der Bedienstete richtet die Bahre vor den geschlossenen Türen der Kammer aus, und kurz passiert gar nichts.

Man hört nur das leise taktvolle Summen der Brenner aus dem Inneren der unfehlbaren höflichen Maschine, die darauf warten, ihre gefräßige Arbeit zu verrichten. Dann wirft mir jemand entweder einen Blick zu oder sagt etwas zu mir (ich weiß es nicht mehr), jedenfalls heißt es, dass erst etwas passiert, wenn ich das Zeichen dazu gebe. Ich bedeute dem Bestatter, dass wir bereit sind. Ein Mitarbeiter öffnet die Türen der Kammer, und mein Vater wird von einem kurzen Förderband langsam ins Innere transportiert. Die Pflegerin meines Vaters sagt: »*Adios, jefe.*« Auf Wiedersehen, Chef. Die Mitarbeiter des Bestattungsinstituts klatschen. Die gelben Rosen liegen noch auf ihm, und ich weiß noch, wie ich dachte, dass sie im Handumdrehen vernichtet würden. Der Körper wird nach vorne bewegt, bis nur noch Kopf und Schultern sichtbar sind, doch dann geht etwas schief, und er klemmt fest. Ein Angestellter geht schnell und kundig hin, als wäre dieser Vorfall nichts Ungewöhnliches, und drückt beide Schultern fest nach unten, bis sich der Körper wieder bewegt und schließlich von den Flammen umhüllt wird. Die Türen schließen sich hinter ihm.

Zu sehen, wie der Körper meines Vaters in der Brennkammer verschwindet, ist faszinierend und lähmend. Es fühlt sich gleichzeitig unglaublich bedeutungsvoll und nichtssagend an. Das Einzige, was ich in diesem Augenblick mit Gewissheit spüre, ist, dass er nicht mehr da ist. Es bleibt das undurchdringlichste Bild meines Lebens.

TEIL VIER

… volando entre el rumor oscuro de las últimas hojas
heladas de su otoño hacia la patria de tinieblas
de la verdad del olvido, agarrado de miedo a los
trapos de hilachas podridas del balandrán de la
muerte y ajeno a los clamores de las muchedumbres
frenéticas que se echaban a las calles cantando …

– El otoño del patriarca

… während er es nie und nimmer erfahren hatte
mitsamt dem sanften Pfeifen seines Hodenbruchs
eines vom Knüppelschlag des Todes an der Wurzel
geknickten toten Alten, der durch das dunkle
Geraschel der letzten eisigen Blätter seines Herbstes
dem finsteren Vaterland der Wahrheit des Vergessens
entgegenflog, angstvoll an die zerfaserten Moderfetzen
des Todestalars geklammert und taub gegenüber
dem Geschrei der rasenden Menschenmenge, die
auf die Straßen rannte und Jubelhymnen über die
Jubelnachricht von seinem Tode sang …

– *Der Herbst des Patriarchen*

28

Am nächsten Tag, einem Freitag, erinnert uns ein morgendliches Erdbeben daran, dass das Leben weitergeht. Für unsere Gäste, die aus Gegenden kommen, in denen es keine Erdbeben gibt, verstärkt das nur den halluzinatorischen Charakter ihrer Reise. Kurz darauf erhält meine Mutter einen Anruf: Der *Palacio de Bellas Artes* will eine öffentliche Gedenkfeier für meinen Vater veranstalten, bei der auch die Präsidenten von Mexiko und Kolumbien zugegen sein werden. Wir beteiligen uns gerne, aber es lässt sich nicht leugnen, dass es schwer werden wird, noch fast vier weitere Tage zu warten, um mit dem Tod abschließen zu können.

Weiterhin kommen Freunde und Freundinnen von nah und fern. Das Haus verwandelt sich in eine einzige Cocktailparty, eine Totenfeier mit Drinks und Snacks rund um die Uhr. Meine Mutter hält Hof, redet gut zu, stellt Fragen, urteilt, unermüdlich. Es sind sogar Leute da, die ich nur vom Hörensagen kenne, denen ich aber nie begegnet bin, Menschen, mit denen sich meine Eltern in den letzten Jahren angefreundet haben, nachdem ich nach Los Angeles gezogen war. Die Gruppe spiegelt ihre Interessen wider: Es sind Menschen aller Altersgruppen, Berufe und Gesellschaftsschichten. Eine Handvoll der Gäste empfängt meine Mutter getrennt von den anderen und unter vier Augen, darunter zwei ehemalige Präsidenten. Trotz ihrer Trauer und sicherlich auch ihrer Erschöpfung ist sie herzlich und geduldig. Über zwei, drei der Besucher fällt sie ein wenig verbittert und sarkastisch ein hartes Urteil, nachdem sie gegangen sind. Sie verzeiht niemandem, der sich nicht mehr gemeldet hat, nachdem mein Vater seine geistigen Kräfte verlor, und sei es nur, um Guten Tag zu sagen. Diese schwarze Liste ist kurz, aber den Leuten, die daraufstehen, kann man nur viel Glück wünschen.

Einmal teilt man meinem Bruder mit, der Dekan einer großen Universität stehe vor der Tür. Als ihm geöffnet wird, tritt der Mann einen Schritt vor, gibt eine wohldurchdachte, wenn auch schwerfällige Eloge zum Besten, die an eine Wahlrede erinnert, umarmt meinen Bruder förmlich und ohne ein weiteres Wort, um für immer von dannen zu ziehen.

Einer der Brüder meines Vaters kommt mit seiner Frau, außerdem eine Cousine von dieser Seite der Familie, die ich seit fast dreißig Jahren nicht mehr gesehen habe. Sie ist in Cartagena aufgewachsen und lebt jetzt in einer Kleinstadt in Maine, aus der ihr Mann stammt. Ihre Geschichten, wie sie die örtliche Kultur an sich anpasst statt andersherum, sind sehr lustig. Sie erinnern an die Leidenschaft der Familie meines Vaters für Anekdoten, Ausschmückungen und Übertreibungen. Packe deine Zuhörer und lass sie nicht mehr los. Eine gute Geschichte übertrifft stets die Wahrheit. Eine gute Geschichte *ist* die Wahrheit.

Eines Nachmittags ruft mich seine Sekretärin an. Sie macht sich Sorgen, dass alle Mitarbeiter des Reha-Mietservice wissen, dass mein Vater in diesem Bett gestorben ist. Es könnte überall landen, fügt sie hinzu, es könnte verkauft werden oder als morbides Erinnerungsstück in einer Sammlung enden. Wir beschließen, das Bett selbst zu kaufen. Einstweilen wird es zerlegt und in der Garage hinter dem Haus gelagert, wo es niemand sieht, bis wir beschlossen haben, was wir damit machen. Meiner Mutter verraten wir nichts, sie würde es nicht in der Nähe haben wollen. Sie würde sagen, es wartet darauf, dass sie die Nächste ist.

Mein Bruder bringt eine Urne mit der Asche unseres Vaters aus dem Bestattungsinstitut. Es war nicht einfach, die richtige Urne auszusuchen. Meine Mutter wollte weder etwas Teures noch etwas Billiges, sie sollte elegant, aber dezent sein. Die ausgewählte hier scheint die Zustimmung meiner Mutter zu finden, allerdings widmet sie der Urne nur ein, zwei Sekunden ihrer Aufmerksamkeit. Sie lässt sie bis zur Gedenkfeier in das Arbeitszimmer meines Vaters stellen und gibt uns einen gelben Seidenschal, um sie darin einzuwickeln. Ich kann es nur meiner eigenen Erschöpfung zuschreiben, dass ich auf die Idee komme, ein Foto von meinen Töchtern und den Kindern meines Bruders mit der Urne zu machen. Sie sind zwar einerseits entsetzt, finden den Vorschlag andererseits aber urkomisch, und so tun sie peinlich berührt und müssen sich das Lachen verkneifen. Was kann man anderes tun als zu lachen bei der Vorstellung, dass der eigene Großvater auf drei Pfund Asche reduziert wurde?

Die Party dauert drei ganze Tage, und sie ist lebensrettend, wenn auch anstrengend. Am Montag, dem Tag der Gedenkfeier, sitze ich allein am Frühstückstisch. Als ich den Blick von meinem Teller hebe, entdecke ich einen perfekten kleinen Regenbogen, der sich auf der Lehne des Stuhls meines Vaters bildet – das Licht der Morgensonne bricht sich in derselben Glaswand, an der vor ein paar Tagen der Vogel umgekommen ist. Am Nachmittag versammelt sich der Kern der Gruppe, ein paar Dutzend Leute, im Garten, um ein Foto zu machen, bevor alle eine Flotte aus Autos und Taxis Richtung *Bellas Artes* besteigen. Als sich die Gruppe im Garten auflöst, ruft meine Mutter allen ihren Marschbefehl hinterher: »*Aquí nadie llora!*« Es wird nicht geweint!

Auf der Fahrt ins *Bellas Artes* bitte ich einen Freund, die Urne in den Palast zu tragen. Ich möchte nicht damit fotografiert werden – aus dem alleinigen Grund, dass mir dieser Akt zu persönlich ist, um ihn in den Nachrichten sehen zu wollen.

Wir sammeln uns an der Stelle, wo die Autos uns

absetzen, und folgen dem Direktor des Instituts nach oben und durch mehrere Korridore, bis wir vor einer Tür stehen und unversehens den Großen Saal betreten. Ich weiß nicht, womit ich gerechnet habe, aber was uns erwartet, ist einschüchternd. Auf einer Stufe befindet sich ein großer Sockel, auf den die Urne gestellt wird, umgeben von gelben Rosen. Auf beiden Seiten sind zwei große Bereiche bestuhlt. Doch gegenüber der Urne steht ein Gerüst mit über hundert Fotografen, Kameraleuten und Journalisten. Wir setzen uns in die erste Reihe auf der linken Seite, zwischen die Honoratioren und Freunde, die schon vor uns eingetroffen sind. Es ist klar, dass man von uns erwartet, uns einige Minuten lang um die Urne aufzustellen. Mein Bruder und ich gehen mit meiner Mutter nach vorne und stellen uns an den Platz, den man uns zuweist. Das Blitzlichtgewitter macht diesen sehr seltsamen Augenblick unwirklich. Wir müssen an Menschen denken, die wir kennen und die uns auf der ganzen Welt zusehen könnten. Nicht ich bin es, der dort steht, sondern es ist ein Typ in Anzug und Krawatte, irgendwas zwischen drei und dreiundfünfzig Jahre alt, der sich tunlichst bemüht, keine Aufmerksamkeit auf sich zu ziehen. Nach uns stellt sich die Familie meines Bruders auf und schließlich meine Frau und unsere Töchter. Eine der beiden leidet an einer Sozialphobie. Sie erzählt mir später, für sie sei diese Erfahrung sehr schmerzhaft gewesen, beinahe unerträglich. Sie tut mir leid. In einem so privaten Moment, unter traurigen Umständen und mitten in der Pubertät so herausgestellt zu werden muss grausam sein.

Während der nächsten zwei Stunden sitzen wir da und sehen zu, wie Tausende von Menschen, von denen die meisten stundenlang draußen im Nieselregen gestanden haben, vorbeigehen und meinem Vater die letzte Ehre erweisen. Viele legen Blumen, Andenken, religiöse Figuren oder Anhänger am Fuß des Sockels ab. Viele lassen auch Bücher von ihm da, Beileids- oder Liebesbekundungen, manche adressiert an den Maestro, die meisten aber weniger förmlich an Gabo oder Gabito. All das macht uns deutlich bewusst, dass unser Vater in großem Maß auch anderen Menschen gehört hat.

Durch die Veranstaltung bekommen wir die Gelegenheit, eine weitere Gruppe von Freunden zu treffen, denen wir noch nie begegnet sind oder die wir lange nicht mehr gesehen haben. Ein paar entdecke ich sogar in der Schlange der Trauernden. Ich bedeute ihnen, mich auf der anderen Seite des Großen Saals zu treffen, und wir bringen uns rasch auf den neuesten Stand. Dank dieser Begegnungen wird die Veranstaltung doch noch ganz angenehm.

Als ich irgendwann gedankenversunken dasitze, betrachte ich die Gesichter der vorüberziehenden Trauergäste genauer. Unwillkürlich fällt mir ein, dass mein Vater immer sagte, jeder Mensch habe drei Leben: das öffentliche, das private und das geheime. Mir schießt durch den Kopf, dass womöglich jemand aus seinem geheimen Leben unter diesen Leuten sein könnte. Bevor ich diesem Gedanken zu lange nachhängen kann, bleibt ein *trio vallenato*, das ebenfalls in der Schlange gestanden hat, stehen und spielt ein Lied für meinen Vater. Es ist feierlich und berührt alle.

Man teilt uns mit, das Flugzeug des kolumbianischen Präsidenten sei gelandet und er bereits auf dem Weg zur Gedenkfeier. Bald kommt er hinter dem Gastgeber, dem Präsidenten von Mexiko, herein. Es ist eine schöne Überraschung, dass viele Freunde meiner Eltern ebenfalls an Bord dieses Flugzeugs waren, und dieser neue Schub hebt unsere Stimmung wieder. Meine Mutter begrüßt sie mit großer Freude und gibt sich ungeniert beglückt. »*¿Qué te parece todo esto?*«, fragt sie. (Wie findest du das alles?)

Die Nationalhymnen beider Länder werden gespielt, und die Atmosphäre ändert sich. Den kolumbianischen Präsidenten, der etwa in meinem Alter ist, kannte mein Vater seit Jahren; sie waren lange bevor er Präsident wurde, miteinander befreundet. Er nimmt kein Blatt vor den Mund. Gabo, sagt er, ist schlichtweg der größte Kolumbianer, der je gelebt hat. Meine Mutter beobachtet ihn voller Stolz, wie einen Neffen, der sich gut geschlagen hat. Auch sein Bruder ist da, ein Journalist. Er gehört zu den Lieblingsmenschen meiner Mutter und hält sie über den neuesten Klatsch und Tratsch in Bogotá auf dem Laufenden. Alles in allem ist sie zufrieden.

Gegen Ende der Ansprache des mexikanischen Präsidenten, die ansonsten recht gut ist, bezieht er sich auf uns als »die Söhne und die Witwe«. Ich rutsche unbehaglich auf meinem Stuhl hin und her, denn ich weiß, meiner Mutter wird das nicht gefallen. Als die Staatsoberhäupter gehen, kommt mein Bruder zu mir und sagt mit todernster Miene: »Die Witwe.« Wir lachen unsicher. Später sagt sie ohne Umschweife und mürrisch ihre Meinung. Sie droht damit, dem ersten Journalisten, der ihr über den Weg läuft, zu sagen, sie wolle so bald wie möglich wieder heiraten. Ihre letzten Worte zu dem Thema lauten: »*No soy la viuda. Yo soy yo.*« (Ich bin nicht die Witwe. Ich bin ich.)

Mein Bruder und ich hatten uns eigentlich vorgenommen zu bleiben, solange noch Leute vor dem *Palacio de Bellas Artes* anstehen, um unserem Vater die letzte Ehre zu erweisen, ganz egal, wie lange das dauert und auch, wenn Staatsoberhäupter, Presse, Freunde und Familie schon weg sind. Aber kurz nach dem offiziellen Ende der Veranstaltung wird uns klar, dass unsere guten Vorsätze nicht ausreichen. Wir können einfach nicht mehr. Enttäuscht über unser Scheitern, aber in der Hoffnung, uns selbst verzeihen zu können, brechen wir auf.

29

Ich fliege für wenige Tage zurück nach Los Angeles. Bis vor Kurzem war mein Vater stets enttäuscht, wenn ich mich verabschiedete, selbst wenn er nicht wusste, wer ich war. »*No, hombre, ¿por qué te vas? Quédate. No me dejes.*« (Nein, Mann, warum gehst du? Bleib da. Verlass mich nicht.) Es tat jedes Mal weh – nicht anders, als würde man ein weinendes Kind im Kindergarten abgeben, doch ohne die Überzeugung, dass es nur zu seinem Besten ist, sei sie nun irrig oder nicht.

Zu Hause warten bereits Hunderte Kondolenzschreiben. In dieser anderen Wirklichkeit scheinen sie sich auf ein Ereignis zu beziehen, das in weiter Ferne und vor langer Zeit passiert ist. Ich will sie mir irgendwann später ansehen, wenn sie mir womöglich Kraft spenden (was sie letztlich auch tun). Bei einem Telefonat mit meiner Mutter erzählt sie mir, dass ein Mann an der Tür war, der sich als Herr Porrúa vorgestellt habe. Sie geht davon aus, dass er aus der Familie Porrúa kommt, der einer der ältesten Verlage Mexikos gehört. Sie empfängt ihn im Wohnzimmer, ohne ihn zu erkennen, aber er ist freundlich und überschwänglich, erkundigt sich namentlich nach der Sekretärin meines Vaters, nach meinem Bruder und mir und erzählt von seinen Erinnerungen an meinen Vater. Als die Sekretärin ins Zimmer kommt, springt er auf und umarmt sie inbrünstig. Sie ist zu verlegen, um zuzugeben, dass sie sich nicht an ihn erinnert. Herr Porrúa setzt sich wieder und erzählt bald, dass das Auto, mit dem er in die Stadt gefahren ist, eine Panne hatte. Doch da er unbedingt sein Beileid bekunden wollte, habe er sich von einem Freund fahren lassen, der jetzt draußen warte. Ob meine Mutter wohl so freundlich wäre, ihm umgerechnet etwa 200 US Dollar zu leihen, um das Auto reparieren zu lassen? Meine Mutter gibt ihm Bargeld, der Mann geht und lässt nie wieder von sich hören. Später finden wir heraus, dass er ein bekannter Betrüger ist. Sie muss sehr darüber lachen.

Neben den Kondolenzschreiben bekomme ich auch andere Post. Aus der ganzen Welt schicken mir Freunde die Titelseiten von Zeitungen, die zum Tod meines Vaters erschienen sind. Und so verliere ich mich im Internet – quasi jede nationale oder regionale Zeitung hatte die Meldung an dem Tag auf der Titelseite. Ich lese so viele Artikel wie möglich, denn jede Zeitung betont unterschiedliche Aspekte seines Lebens oder seiner Leistungen. Wieder fällt es mir schwer, diesen Menschen, über den ich lese, mit demjenigen in Einklang zu brin-

gen, mit dem ich die letzten Wochen verbrachte habe –
leidend, sterbend, zu Asche geworden –, und mit dem
Vater aus meiner Kindheit, der zuletzt das Kind von
meinem Bruder und mir wurde. Ich lese meine Notizen der letzten paar Tage durch, bin hin- und hergeris-
sen, ob ich sie zu einer Art Erzählung zusammenführen
soll. Wie meine Mutter hielt auch mein Vater an der
Überzeugung fest, dass unser Privatleben ausschließlich uns gehöre. Als kleinen Jungs rief man uns diese
Regel immer wieder in Erinnerung. Aber wir sind keine
kleinen Jungs mehr. Alte Kinder vielleicht, aber keine
kleinen Jungs.

Mein Vater klagte, zu den Dingen, die er am Tod am
meisten hasse, gehöre, dass es der einzige Aspekt seines Lebens sei, über den er nicht würde schreiben können. Alles, was er durchlebt, mit angesehen und gedacht habe, stehe in seinen Büchern, fiktionalisiert
oder verschlüsselt. »Wenn du leben kannst, ohne zu
schreiben, dann schreibe nicht«, sagte er häufig. Ich gehöre zu den Menschen, die nicht leben können, ohne
zu schreiben, also würde er mir sicherlich verzeihen.
Eine weitere seiner Äußerungen, die ich mit ins Grab
nehmen werde, lautet: »Es gibt nichts Besseres als etwas, das gut geschrieben ist.« Dieser Satz klingt besonders nach, denn mir ist klar, dass es leicht sein wird,
alles, was ich über seine letzten Tage schreibe, zu veröffentlichen, ganz unabhängig von der Qualität. Tief im
Inneren weiß ich, dass ich diese Erinnerungen in der

einen oder anderen Form aufschreiben und auch her-
zeigen werde. Wenn es sein muss, werde ich auf einen
weiteren seiner Aussprüche zurückgreifen: »Wenn ich
tot bin, könnt ihr machen, was ihr wollt.«

30

*I*ch kehre nach Mexiko zurück, um bei meiner Mutter zu sein und Freunde aus Barcelona zu sehen, die nicht früher kommen konnten. Wir sind seit 1968 eng mit ihnen verbunden. Nachdem die Cocktailparty vorbei ist, sind quasi nur noch wir im Haus. Es ist schön, das Zusammensein mit ihnen so ziemlich in Ruhe und Frieden genießen zu können, aber es lässt uns die Abwesenheit meines Vaters deutlicher spüren. Beide sind Therapeuten und gehörten zu den wichtigsten Vertrauten meines Vaters. Eine Therapie machte er nie, er behauptete immer, die Schreibmaschine sei sein Analytiker. Ob er fürchtete, eine Therapie könne ihm auch nur einen Bruchteil seiner Kreativität wegnehmen, oder ob es ihm nicht behagte, womöglich die Hosen zu weit herunterlassen zu müssen, werden wir nie erfahren. Manchmal ermunterte er uns dazu, unsere Sorgen guten Freunden oder der Familie anzuvertrauen, ansonsten müssten wir noch Fachleute dafür bezahlen, sie sich anzuhören.

Während dieses Besuchs würde ich am allerliebsten

mit meinem Vater über seinen Tod und dessen Auswirkungen sprechen. Ich besuche sein Arbeitszimmer hinten im Garten, wo seine Asche in einer Vitrine aufbewahrt wird und wo sich, so wie im restlichen Haus, die Normalität wieder einschleicht, langsam, aber unerbittlich. Meine Mutter hat das Arbeitszimmer noch nicht wieder betreten, und sie wird es auch nie mehr tun. Der Raum, in dem mein Vater gestorben ist, wurde in seinen alten Zustand zurückversetzt. Meine Töchter, meine Nichte und meine Neffen meiden ihn. Ich beschließe, dort zu schlafen, um ihn wieder in ein normales Gästezimmer zurückzuverwandeln. Ich verbringe dort eine ereignislose Nacht, im Guten wie im Schlechten.

31

*E*rschöpft besteige ich eine frühe Maschine zurück nach Los Angeles. Es ist mein achter Flug zwischen LA und Mexico City innerhalb von drei Wochen. Als das Flugzeug langsam Richtung Startbahn rollt, bin ich plötzlich überwältigt von der Klarheit, mit der ich spüre, dass die wunderbare Zeit meines Vaters auf Erden vorüber ist. Während des Starts bin ich traurig gestimmt, aber die unerwartete Verknüpfung der Leere und des Verlusts mit der kraftvollen Energie der Triebwerke wirkt seltsam belebend auf mich. Als das Fahrwerk eingefahren wird und sich das Flugzeug nach links neigt, werden im Osten zwei Vulkane vor dem Hintergrund der aufgehenden Sonne sichtbar: Der Popocatepetl, Hunderttausende Jahre älter als das geschriebene Wort, und der Iztaccíhuatl liegen aufgebahrt da. Als wir die Flughöhe von zehntausend Fuß erreichen, läutet etwas, wie ein leiser Wecker. Ich stelle die Lehne zurück und blicke mich um. Die Frau neben mir liest *Hundert Jahre Einsamkeit* auf ihrem Handy.

TEIL FÜNF

El capitán miró a Fermina Daza y vio en sus pestañas
los primeros destellos de una escarcha invernal. Luego
miró a Florentino Ariza, su dominio invencible, su amor
impávido, y lo asustó la sospecha tardía de que es la vida,
más que la muerte, la que no tiene límites.

– El amor en los tiempos del cólera

Der Kapitän sah Fermina Daza an und entdeckte
auf ihren Wimpern das erste Glitzern winterlichen
Reifs. Dann schaute er Florentino Ariza an, sah seine
unbezwingbare Fertigkeit, seine unbeirrbare Liebe und
erschrak bei dem späten Verdacht, daß nicht so sehr
der Tod, vielmehr das Leben keine Grenze kennt.

– *Die Liebe in den Zeiten der Cholera*

32

U nsere Mutter starb im August 2020. Es geschah im Großen und Ganzen so, wie wir es erwartet hatten, denn nach fünfundsechzig Jahren als Raucherin hatte sich ihre Lungenfunktion stetig verschlechtert, bis sie in ihren letzten Lebensjahren rund um die Uhr mit Sauerstoff versorgt werden musste. Doch ihre Lebensgeister schwanden nie. Sie sah sich mehrere Stunden am Tag Nachrichtensendungen im Fernsehen an, während sie auf einem Tablet gleichzeitig andere Meldungen abrief und über zwei Festnetzleitungen und drei Handys, die vor ihr aufgereiht lagen, mit ihrem Freundeskreis in Kontakt blieb. In ihren letzten Monaten unterhielten wir uns fast täglich per Videochat. Abgesehen vom Weltgeschehen gab es zwar wenig zu berichten, aber sie schien sich nicht verändert zu haben, allenfalls wirkte sie etwas gelangweilt, weil sie die meisten ihrer Busenfreunde nicht treffen konnte. Selbst als sich ihr Gesundheitszustand verschlechterte und sie immer weniger mobil wurde, schien sie sich keine allzu großen Sorgen wegen ihrer Verfassung zu machen. Ich stellte keine nennenswerten Veränderungen in ihrem Verhalten fest. War es Furchtlosigkeit, Nicht-wahrhaben-Wollen oder Verstellung? Sie glänzte in allen drei Bereichen zu unterschiedlichen Zeiten.

»Was glaubst du, wann diese Pandemie wohl vorbei ist?«, fragte sie mich oft. Ich schreibe dies Ende 2020, und ich könnte ihr immer noch keine Antwort geben. Außerstande zu reisen, sah ich sie zum letzten Mal lebend auf dem gesprungenen Bildschirm meines Handys, fünf Minuten später noch einmal, da war sie schon für immer von uns gegangen. Zwei kurze Livevideos, getrennt durch die Ewigkeit – meine Fähigkeit, Geschichten zu erzählen, hat sich immer noch nicht davon erholt. Was könnte ich jemals erzählen, das mehr Kraft besäße? In den Tagen nach ihrem Tod rechnete ich ständig mit einem Anruf von ihr: »Und, wie war er nun, mein Tod? Nein, immer mit der Ruhe. Setz dich. Erzähl es mir richtig.« In meiner Vorstellung hört sie zu, lacht und zieht dazwischen gierig an den Zigaretten, die sie umgebracht haben. Sie spricht mit Freundinnen und Freunden auf der ganzen Welt und nimmt deren Beileidsbekundungen mit Belustigung und strahlender Eitelkeit entgegen, bevor sie sich mit größerem Interesse nach der Scheidung eines Kindes oder einem gestohlenen Gegenstand erkundigt.

Mein Vater hatte sie jahrelang gedrängt, das Rauchen aufzugeben. Sie versuchte es ein paarmal, äußerst widerwillig, aber es gelang ihr nicht. Noch in der ersten

Zeit am Sauerstoffgerät bat sie mich manchmal, die Maske zu halten, während sie ein paar Züge an einer Zigarette nahm. »Nicht ausschalten«, sagte sie dann. »Ich setze es gleich wieder auf.« Die Warnungen meines Vaters über den möglichen Verlauf eines Rauchertodes verfolgten meinen Bruder und mich rund um die Uhr. Diese Befürchtungen erwiesen sich letztlich als wertvoll, weil wir (eigentlich sollte ich sagen mein Bruder, denn er war vor Ort bei ihr) sehr darauf bedacht waren, dass ihr Abschied nicht schmerzhaft oder angstbesetzt sein würde. Er war beides nicht.

Wenn mein Vater an einem Werk arbeitete, rettete meine Mutter hinter seinem Rücken die meisten Entwürfe. Er lehnte es strikt ab, unfertige Arbeiten zu zeigen oder aufzubewahren. In unserer Kindheit wurden mein Bruder und ich oft in sein Arbeitszimmer gerufen, wo wir uns auf den Boden setzen und ihm helfen sollten, frühe Fassungen zu zerreißen und wegzuwerfen – sicherlich keine gute Vorstellung für Sammler und Studierende, die sich mit seiner künstlerischen Entwicklung beschäftigen. Seine Schriften und seine Handbibliothek gingen an das Harry Ransom Center in Austin, Texas. Meine Mutter hatte große Freude an den Eröffnungsfeierlichkeiten dieser Sammlung, bei der die Familie meines Bruders und meine Familie ebenfalls zugegen waren. Sie genoss die Gesellschaft ihrer Enkel und suchte bei ihnen Zuflucht. Besondere Freude bereiteten ihr die Enkelinnen, wahrscheinlich, weil sich die Mädchen, als die Enkelkinder älter wurden, weiterhin mehr für ihre Alltagssorgen interessierten und ihre gesundheitlichen Probleme genauer verfolgten. Sie beschenkte sie mit ihren alten Handtaschen und Accessoires, und manchmal war sie so großzügig, dass es den Mädchen fast unangenehm war, die Geschenke anzunehmen. Aber auch nicht allzu unangenehm. Eine meiner Töchter fand, meine Mutter sei der Mensch auf der Welt, dem sie am meisten ähnelte, und darauf war sie stolz. Meine Nichte war von uns allen wohl diejenige, die in den letzten Jahren meiner Mutter am häufigsten persönlich anwesend war. Meine andere Tochter hielt sehr gewissenhaft regelmäßig Kontakt aus dem Ausland und pflegte einen sehr liebevollen Umgang mit ihr. Die Großmutter meiner Mutter war eine dominante Persönlichkeit in ihrem Leben gewesen, eine respektierte und gefürchtete Matriarchin, und das trug wohl zu ihrer Schwäche für ihre Enkelinnen bei. Sie liebte die Söhne meines Bruders, aber sie fand, Jungs tendieren dazu, sich in ihre eigene Welt zurückzuziehen, wenn sie älter werden, und das akzeptierte sie. Das sind natürlich nur meine Theorien, und wenn sie das hören würde, würde sie darüber spotten und sich ungeduldig von mir abwenden.

Zwei Jahre nach dem Tod meines Vaters brachten wir seine Asche nach Cartagena. Die Urne wurde dort im Sockel einer Büste, die ihm auf unheimliche Weise ähnelte, beigesetzt. Sie steht im Hof eines Kolonialgebäudes, das jetzt öffentlich zugänglich ist. Es gab einen Festakt, eingerahmt von der obligatorischen Open-House-Cocktailparty im Haus meiner Eltern. Wie damals beim Tod meines Vaters ging sie über mehrere Tage, aber da die Stimmung jetzt gelöster war, sorgte meine Mutter dafür, dass bis spät in die Nacht Livemusik gespielt wurde. Für mich waren diese Tage recht emotional und vielleicht auch ein bisschen anstrengend, aber seltsamerweise empfand ich sie damals gar nicht so. Alles schien mir einigermaßen erträglich. An meinem letzten Tag dort ging ich frühmorgens noch einmal in den Innenhof, um einen letzten Blick auf die Ruhestätte der Asche zu werfen. Es war eine überwältigende Vorstellung, dass sie – dass er – noch sehr lange dort sein würde, Jahrhunderte womöglich, noch nachdem alle, die jetzt leben, schon nicht mehr wären. Die Fahrt zum Flughafen war traurig, und vierundzwanzig Stunden nach der Landung in Bogotá kam ich mit einer Blasenentzündung und einer Beinvenenthrombose ins Krankenhaus. Vielleicht war der vorige Tag doch anstrengender gewesen als gedacht.

Es ist erst drei Monate her, seit meine Mutter tot ist, und ich bin überrascht, wie schnell sie für mich an Größe gewonnen hat. Ich kann an keinem Foto von ihr vorbeigehen, ohne es einen Augenblick zu betrachten. Ihr Gesicht wirkt freundlicher und schöner denn je, selbst im Alter. Ihr Leben lang wurde sie von Ängsten geplagt (vielleicht ohne sich dessen bewusst zu sein) und war trotzdem enorm genussfähig. Sie besaß (wie auch mein Vater) ein unerschöpfliches Interesse am Leben an sich und am Leben anderer. Meine Gefühle für meinen Vater waren zwar liebevoll, wurden aber durch seinen Ruhm und sein Talent verkompliziert. Er wurde dadurch zu mehreren Personen, die ich zu einer einzigen zusammenfügen musste, und es war ein stetes Wechselbad der Emotionen. Auch der lange, schmerzvolle Abschied durch seinen Gedächtnisverlust wurde von einer komplizierten Gefühlslage begleitet; dazu gehören auch meine Schuldgefühle, weil es für mich durchaus eine Genugtuung war, dass ich ihm zeitweise mental überlegen war. Meine Gefühle für meine Mutter sind im Vergleich überraschenderweise völlig unkompliziert. So eine Aussage lässt bei Therapeuten normalerweise die Alarmglocken schrillen, doch es stimmt. Sie hatte Angst vor überschwänglichen Gefühlsäußerungen, und in unserer Kindheit ermutigte sie uns, stets Haltung zu bewahren. Aber mit der Zeit begriff ich, dass sie das von ihren Eltern geerbt hatte, die es sehr wahrscheinlich selbst geerbt hatten. Ihr war nicht einmal bewusst, dass sie darunter litt, und sobald ich andeutete, eine Therapie oder Medikamente könnten ihr guttun, reagierte sie immer gleich: »*No. No soy una histérica.*« (Nein. Ich bin doch nicht hysterisch.)

Ich bin froh, dass mir das klar wurde, solange sie noch am Leben war, und dass ich es akzeptieren konnte. Geblieben sind daher nur Zuneigung und eine Bewunderung für die Lebenskraft, die von ihr ausging. Sie war offen und verschwiegen, kritisch und nachsichtig, tapfer, hatte aber Angst vor Unordnung. Sie konnte kratzbürstig und voreingenommen sein, aber auch schnell verzeihen, besonders, wenn ihr jemand seine Sorgen anvertraute. Dann schlug sie sich immer auf die Seite dieser Person und gewann deren treue Zuneigung. Die Beziehung zu meinem Bruder und mir war nicht körperlich, aber geprägt von Liebe, mit den Jahren umso mehr. Ihre komplexe Persönlichkeit hat sicherlich zu meiner lebenslangen Faszination für Frauen beigetragen, insbesondere für facettenreiche Frauen, enigmatische Frauen und – wie sie manchmal, zu Unrecht, wie ich finde, bezeichnet werden – für schwierige Frauen.

Ich empfinde eine erneuerte Bewunderung gegenüber meinen Eltern. Ich gebe zu, dass diese Perspektive nichts Ungewöhnliches darstellt (manche würden es als Revisionismus bezeichnen). Abwesenheit verstärkt unsere Zuneigung und macht uns versöhnlicher. Wir erkennen, dass unsere Eltern genauso auf tönernen Füßen standen wie alle anderen auch. Im Fall meiner Mutter bin ich erstaunt, wie sie in Anbetracht der Zeit, in die sie hineingeboren wurde, und des Ortes zu einer Person heranwuchs, die sich in der Welt behaupten konnte, die ihnen durch den Erfolg meines Vaters beschert wurde, und die sie sogar beherrschen konnte. Sie war eine Frau ihrer Zeit, ohne höhere Bildung, Mutter, Ehefrau und Hausfrau, aber viele jüngere Frauen, die auf großem Fuß lebten und erfolgreiche Karrieren hatten, bewunderten offen ihren Mumm, ihre Belastbarkeit und ihr Selbstbewusstsein und beneideten sie dafür. In ihrem Freundeskreis nannte man sie La Gaba, ein Kurzname, der aus dem »Gabo« für meinen Vater abgeleitet und daher patriarchalisch war, aber niemand, der sie kannte, war der Meinung, sie hätte sich zu etwas anderem als einer großartigen Version ihrer selbst entwickelt.

Zwei Jahre vor ihrem Tod erzählte mir meine Mutter in einem Restaurant, dass ihre Mutter nach ihr, der Erstgeborenen, noch zwei Kinder bekommen habe, die als Säuglinge gestorben seien. Ich war überrascht, noch nie davon gehört zu haben. Die Frage, ob sie noch irgendeine Erinnerung daran habe, bejahte sie. Sie wusste noch genau, wie ihre Mutter ein totes Baby in den Armen gehalten hatte. Sie krümmte den linken Arm und zeigte mir, wie.

»Warum hast du mir nie davon erzählt?«, wollte ich wissen.

»Weil du nie gefragt hast«, lautete ihre Antwort. Wirklich dumm von mir. Etwas später fragte ich wieder danach, weil ich mehr Details wissen wollte, aber sie bestritt nicht nur, jemals so eine Geschichte erzählt, sondern auch, jemals ein totes Geschwisterchen gesehen zu haben. Ich war sprachlos. Das war weder Senilität noch Demenz. Ihr Gedächtnis war immer vortrefflich. Ich hakte nach. »Nein. Das ist nie geschehen«, sagte sie entschieden. An diesem Tag ließ ich es auf sich beruhen, war aber fest entschlossen, irgendwann in der Zukunft wieder auf dieses Rätsel zu sprechen zu kommen, falls sich der Wind gedreht haben sollte, aber diese Zeit blieb uns nicht mehr.

Ich habe auch fünfzig Jahre lang gelebt, ohne zu wissen, dass mein Vater im Zentrum des linken Auges die Sehkraft verloren hatte. Ich erfuhr davon, als ich ihn zum Augenarzt begleitete, und dies auch nur, weil der Arzt es nach der Untersuchung erwähnte.

Ich wüsste gerne, wie meine Eltern sich selbst jünger in Erinnerung haben, oder bekäme gerne zumindest eine Ahnung davon, was sie über ihren Platz in der Welt dachten, als ihr Leben von den kleinen Ortschaften ihrer kolumbianischen Kindheit eingegrenzt war. Ich würde alles geben, eine Stunde mit meinem Vater als neunjährigem Bengel zu verbringen oder mit meiner Mutter als temperamentvoller Elfjähriger, als beide noch nicht ahnen konnten, welch außergewöhnliches Leben sie erwartete. Im Hinterkopf bleibt mir also die Sorge, dass ich sie vielleicht nicht genug gekannt habe, und auf jeden Fall bedaure ich, dass ich sie nicht mehr nach dem Kleingedruckten in ihrem Leben gefragt habe, nach ihren geheimsten Gedanken, ihren größten Hoffnungen und Ängsten. Womöglich ging es ihnen mit uns ganz genauso, denn wer kann schon seine eigenen Kinder vollständig kennen? Ich möchte wissen, was mein Bruder darüber denkt, denn ein Zuhause ist für jeden seiner Bewohner ganz bestimmt ein unterschiedlicher Ort.

Wir müssen noch eine Entscheidung über die Zukunft des Hauses treffen. Mein Bruder und ich besuchen sehr gerne die in Museen umgewandelten Wohnhäuser von Schriftstellern und Künstlern oder anderen unkonventionellen, erfolgreichen Menschen von diesem Schlag, daher stellen wir uns etwas in dieser Richtung vor. Trotzdem überrascht es mich ein wenig, wie bereitwillig ich die Türen unseres Elternhauses für alle und jeden öffnen würde. Vielleicht ist es ein verzweifelter Versuch, den Lauf der Zeit zu besiegen oder uns zumindest den Kummer zu ersparen, das Haus auszuräumen und es an Fremde verkaufen zu müssen.

Der Tod des zweiten Elternteils fühlt sich an, als würde man eines Nachts durch ein Teleskop blicken und einen Planeten nicht mehr finden, der immer da war. Er ist verschwunden, mitsamt seiner Religion, seinen Gebräuchen, seinen charakteristischen Gewohnheiten und Ritualen, den großen wie den kleinen. Das Echo hallt noch nach. Jeden Morgen, wenn ich mir den Rücken mit einem Handtuch abtrockne, denke ich an meinen Vater. Er hat es mir so beigebracht, nachdem er beobachtet hatte, wie ich mich im Alter von sechs Jahren damit abmühte. Viele seiner Ratschläge begleiten mich ständig. (Ein Favorit: Sei nachsichtig gegenüber deinen Freunden, damit sie dir gegenüber auch nachsichtig sein können.) Ich erinnere mich jedes

Mal an meine Mutter, wenn ich Gäste beim Abschied zur Haustür begleite, denn es wäre unverzeihlich gewesen, das nicht zu tun, oder wenn ich Olivenöl über eine Speise gieße. Und in jüngster Zeit blicken wir drei uns aus meinem Gesicht im Spiegel entgegen. Ich habe mich auch bemüht, mein Leben nach ihrer selten ausgesprochenen, aber unanfechtbaren Regel auszurichten: Sei niemals unehrlich.

Viel von der Kultur unserer Eltern lebt noch in irgendeiner Form auf den neuen Planeten, die mein Bruder und ich mit unseren Familien geschaffen haben. Ein Teil davon ist mit dem verschmolzen, was unsere Frauen von ihrer Seite mitgebracht haben oder nicht mitbringen wollten. Mit den Jahren wird die Zersplitterung weitergehen, und das Leben wird andere gelebte Leben in Schichten auf die Welt meiner Eltern herabsenken, bis der Tag kommt, an dem sich niemand auf dieser Erde mehr an ihre körperliche Existenz erinnert. Ich bin jetzt fast so alt, wie mein Vater es war, als ich ihn fragte, woran er nachts denke, wenn er das Licht ausgeschaltet hat. Wie er damals mache auch ich mir noch keine allzu großen Sorgen, aber ich bin mir der Zeit gewahr. Doch noch bin ich hier und denke an sie.

Danksagung

Mein Dank gilt:

meiner Frau Ariana und meinen Töchtern Isabel und Ines,

meiner Schwägerin Pia sowie meiner Nichte und meinen Neffen Emilia, Mateo und Jeronimo,

den vielen Freunden, Angestellten meiner Eltern, Ärzten und Schwestern, die ich im Buch erwähne,

Luis Miguel Palomares, Luis und Leticia Feduchi, Monica Alonso, Cristóbal Pera, Sofia Ortiz, Diego Garcia Elio, Maribel Luque, Javier Martin, Neena Beber, Amy Lippman, Julie Lynn, Bonnie Curtis, Paul Attanasio, Nick Kazan, Robin Swicord, Sarah Treem, Jorge F. Hernandez sowie Jon und Barbara Avnet.

FOTOGRAFIEN

Gabo im Alter von 13 oder 14 Jahren.
Er war damals schon ein *chévere*, ein Dandy.

Mercedes mit 17.
Das Gesicht sagt alles.

Ende der Sechziger, als das Rauchen noch gesund war.

12. Oktober 1982, der Morgen,
an dem der Nobelpreis verkündet wurde.

12. Oktober 2012, dreißig Jahre später –
aus diesem Anlass derselbe Ort, derselbe Baum, dasselbe Gewand.

Gonzalo, Gabo, Rodrigo.
Los Angeles, 2008.

Gabo zu Hause bei seinem dienstäglichen Nickerchen
unter einer großen kolumbianischen Ruana.

Die Feier zu Mercedes' 80. Geburtstag.

Mit meinem Bruder Gonzalo, unseren Familien und Mercedes alias *El Cocodrilo Sagrado* (Das heilige Krokodil), *La Madre Santa* (Die heilige Mutter), *La Jefa Máxima* (Die oberste Chefin).

Die *Ofrenda de Muertos* der Gabos, im November 2020, dem Pestjahr.

Chronologie

1927 Gabriel García Márquez wird am 6. März 1927 als
Sohn von Gabriel Eligio García und Luisa Santiaga Márquez
in Aracataca, Kolumbien, geboren. Als ältester Spross einer
großen Familie verbringt er seine frühe Kindheit bei den
Großeltern mütterlicherseits. Sein Großvater, ein ehemaliger
Oberst, sollte später García Márquez' Kurzroman *Der Oberst
hat niemand, der ihm schreibt* inspirieren.

1936 Nach dem Tod seines Großvaters wohnt García
Márquez bei seinen Eltern in Sucre.

1940 García Márquez zieht mit seiner Familie in die
Hafenstadt Barranquilla und besucht die Oberschule.

1947 García Márquez studiert an der Universidad Nacional
de Colombia in Bogotá Jura. Zwei Kurzgeschichten von ihm
werden in der Zeitung *El Espectador* veröffentlicht.

1948–50 Nach zwei Jahren der politischen Unruhen in
Kolumbien zwingen Aufstände die Universidad Nacional
zur Schließung. García Márquez kehrt nach Barranquilla
zurück, wo er als Journalist arbeitet. Er beginnt an seinem
ersten Roman zu arbeiten, *Laubsturm.*

1954 García Márquez wird von der Zeitung *El Espectador*
als Autor angestellt. Er veröffentlicht eine Serie über einen

kolumbianischen Seemann, der einen Schiffbruch auf hoher See überlebte. Die Veröffentlichung wird in Kolumbien kontrovers diskutiert.

1955–57 *Laubsturm* wird 1955 veröffentlicht. García Márquez reist ins kommunistische Osteuropa, um Auslandskorrespondent zu werden.

1958 García Márquez kehrt nach Kolumbien zurück. In Barranquilla heiratet er Mercedes Barcha. Sie bleiben bis zu seinem Tod verheiratet.

1959 García Márquez besucht auf Einladung von Fidel Castro Kuba. Sie werden Freunde. Mercedes bringt ihren ersten Sohn Rodrigo zur Welt.

1960–61 García Márquez wohnt kurze Zeit als Korrespondent der kubanischen Presseagentur Prensa Latina in New York, bevor er mit seiner Familie nach Mexiko zieht. Sein Roman *Der Oberst hat niemand, der ihm schreibt* erscheint 1961.

1962–66 Gonzalo, der zweite Sohn des Ehepaars, wird 1962 geboren. García Márquez verbringt achtzehn Monate damit, *Hundert Jahre Einsamkeit* zu schreiben.

1967 *Hundert Jahre Einsamkeit* erscheint im Juni. Das Buch wird sofort zu einem Erfolg. Weltweit werden Millionen Exemplare verkauft, und García Márquez wird viel Anerkennung zuteil. Die Familie zieht nach Spanien.

1975 *Der Herbst des Patriarchen* wird veröffentlicht.

1979–81 García Márquez verbringt abwechselnd Zeit in Kolumbien und Mexiko. Er beginnt mit der Arbeit an *Chronik eines angekündigten Todes*.

1982 García Márquez bekommt den Nobelpreis für Literatur.

1983–87 *Die Liebe in den Zeiten der Cholera* erscheint 1985. García Márquez hilft bei der Gründung der Internationalen Hochschule für Film und Fernsehen in Kuba. Der Roman *Chronik eines angekündigten Todes* wird verfilmt, Regisseur ist Francesco Rosi.

1989 *Der General in seinem Labyrinth* erscheint.

1994 García Márquez unterstützt die Einrichtung der Foundation for New Ibero-American Journalism, um demokratischen unabhängigen Journalismus in Lateinamerika zu befördern.

1996 *Nachricht von einer Entführung* erscheint. Der Tatsachenbericht dreht sich um mehrere Entführungsfälle in Kolumbien durch den Drogenbaron Pablo Escobar.

1999 García Márquez erkrankt an Lymphdrüsenkrebs und erreicht eine Remission.

2002–04 Seine Memoiren, *Leben, um davon zu erzählen*, erscheinen 2002. *Erinnerung an meine traurigen Huren*, sein letzter Roman, wird zwei Jahre später veröffentlicht.

2010–12 Es kursieren Gerüchte, dass García Márquez an einem neuen Roman arbeitet, aber sein jüngerer Bruder Jaime dementiert. Es wird öffentlich bekannt gegeben, dass der Schriftsteller an Demenz leidet und nicht mehr schreiben kann.

2014 García Márquez stirbt in seinem Haus in Mexico City.

2020 Mercedes Barcha stirbt in Mexico City.

Zitate

Bildnachweise

Die Übersetzerin bedankt sich bei der BKM und der VG Wort
für die Übersetzungsförderung im Rahmen von Neustart Kultur.

Die Beauftragte der Bundesregierung
für Kultur und Medien

MIX
Papier | Fördert
gute Waldnutzung
FSC® C083411

1. Auflage 2024

Titel der Originalausgabe A Farewell to Gabo and Mercedes
© RODRIGO GARCÍA, 2021
Aus dem Englischen von Elke Link
© 2024, Verlag Kiepenheuer & Witsch, Köln
Alle Rechte vorbehalten
Die Nutzung unserer Werke für Text- und Data-Mining
im Sinne von § 44b UrhG behalten wir uns explizit vor.
Covergestaltung Barbara Thoben, Köln
Covermotiv © privat
Gesetzt aus der Whitman und der Futura PT
Satz Buch-Werkstatt GmbH, Bad Aibling
Druck und Bindung CPI books GmbH, Leck

ISBN 978-3-462-00305-5

Eine bisher unveröffentlichte Neuentdeckung aus dem Nachlass des Nobelpreisträgers

Jedes Jahr fährt Ana Magdalena Bach im August mit der Fähre zu einer Karibikinsel, um dort einen Gladiolenstrauß auf das Grab ihrer Mutter zu legen. Jedes Jahr geht sie danach in ein Touristenhotel und verbringt den Abend alleine. Dieses Mal jedoch wird sie von einem Mann zu einem Drink eingeladen und nimmt den Unbekannten mit auf ihr Zimmer. Eine Begebenheit, die ihr Leben verändert.

Eine Geschichte über die Liebe, wie nur Gabriel García Márquez sie schreiben konnte

Kiepenheuer & Witsch

Weitere Titel von Gabriel García Márquez
bei Kiepenheuer & Witsch

Kiepenheuer & Witsch

Leseproben und mehr unter www.kiwi-verlag.de

Weitere Titel von Gabriel García Márquez bei Kiepenheuer & Witsch

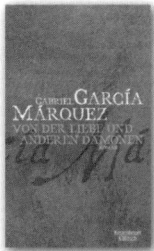

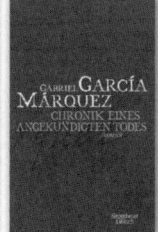

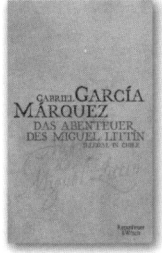

Kiepenheuer
& Witsch